Theo Schoenaker

Worauf wartest Du?

Selbstbewusst in der Partnerschaft

RDI Verlag
36391 Sinntal-Züntersbach

Bibliografische Information Der Deutschen Bibliothek
Die Deutsche Bibliothek verzeichnet diese Publikation in der
Deutschen Nationalbibliografie; detaillierte bibliografische
Daten sind im Internet über http://dnb.ddb.de abrufbar.

Theo Schoenaker
WORAUF WARTEST DU?
Selbstbewusst in der Partnerschaft

Originalausgabe
2. Auflage 2003
© by RDI Verlag, Sinntal
Alle Rechte vorbehalten – Printed in Germany
Druck und Bindung: FVA Fulda
Umschlaggestaltung: Peter Spiegel, Stuttgart

ISBN 3-932708-22-9

Inhalt

1

Chancen für eine
bessere Lebensqualität

Die Partnerschaft ist eine Aufgabe für zwei Personen. Eine allein kann sie zerstören. Eine allein kann zur Verbesserung beitragen! Sie leben in einer Partnerschaft. Sie würden die Beziehung gerne verbessern und merken, dass ihr Partner nicht interessiert ist. Sie können nörgeln, kritisieren oder mit einem vorwurfsvollen Gesicht herumlaufen. Das alles haben Sie vielleicht schon durchexerziert. Die Opferrolle kennen Sie vielleicht auch. Dass man einen Partner nicht zwingen kann, zu tun, was er nicht will, das ist auch schon klar. So stehen wir vor der Erkenntnis, dass das Wichtigste zur Verbesserung der Partnerschaft ist, dass wir selbst Verantwortung übernehmen für die Veränderung unseres eigenen Verhaltens. Denn nur dazu haben wir den freien Zugang.
Nun haben Sie dieses Buch in der Hand und hoffen, dass es Lösungen beinhaltet. Es ist vielleicht auch nicht das erste Buch, das Sie zu diesem Thema lesen. Es gibt viele Bücher über das Thema Ehe/Partnerschaft. Die meisten führen zu mehr Wissen, aber selten zu Veränderungen des eigenen Verhaltens. Zu sehr sind wir gebunden in unserem eigenen Lebensstil und unseren Gewohnheiten, als dass wir erwarten dürfen, dass Wissen allein etwas Wesentliches ändern kann.

Wissen allein führt dazu, dass wir wieder anderen Ratschläge erteilen. Ob das reicht? Es geht um Wissen – Verstehen – Trainieren. Als Berater habe ich öfter erlebt, dass ich eine Beratungsserie abgeschlossen habe, weil ich glaubte, dass das Paar seine Probleme verstanden hatte und von mir den Weg gezeigt bekommen hatte, was es zur Verbesserung ihrer Situation tun kann. Selten hat dieser Maßstab langfristig zur Verbesserung der Beziehungsqualität geführt. Es geht offensichtlich nicht darum, dass man etwas weiß und versteht, sondern dass man es kann und auch tut; dass man sich verbindlich für diese Sache einsetzt.

Mit diesem Buch können Sie die Qualität ihrer Partnerschaft wesentlich verbessern. Es zeigt ihnen die Richtung und verhilft Ihnen zu mehr Mut und zu einer optimistischen Einstellung. Es gibt erklärende Texte und Übungen. Es kann sein, dass einige Übungen Ihnen fremd vorkommen und dass Sie sagen, „das liegt mir nicht", aber neue Gedanken, neue Gefühle, neue Verhaltensweisen sind am Anfang immer etwas fremd. Wenn Sie sich Zeit zum Üben nehmen, werden Sie erfahren, dass Sie Ihrem Ziel näher kommen. Die Partnerschaft wird schöner, Sie fühlen sich sicherer.

Ich habe beim Schreiben dieses Buches eine Reihe von Personen vor mir, die vor der Tatsache stehen, dass sie ihren Partner nicht verlassen wollen, aber auch keinen Frieden in der Partnerschaft haben. Dieses Buch widme ich diesem Personenkreis – Männern sowohl als Frauen. Da mir aber die ständigen Doppelbegriffe Mann/Frau, Partner/Partnerin zu kompliziert sind, spreche ich überall von Partner und meine damit beide Geschlechter. Ebenso werde ich die beiden Begriffe Ehe und Partnerschaft gleichwertig nebeneinander verwenden oder gegeneinander austauschen.

Ich fühle mich dieser Gruppe von Menschen, die nicht weglaufen wollen, sondern alles tun wollen, um eine bessere Beziehung zustande zu bringen, sehr nahe. Deswegen falle ich – begünstigt durch die Tatsache, dass ich Holländer bin –

schnell ins Du. Wenn ich versuche, es zu vermeiden, wirkt der Text künstlich.

Man kann nicht alles haben. In allen Aufgaben des Lebens: In der Partnerschaft, in der Kindererziehung, in den Aufgaben der Arbeit am bezahlten Arbeitsplatz oder zu Hause, in Freundschaften oder im Vereinsleben, überall müssen wir uns zufrieden geben mit dem, was möglich ist und mit dem, was wir da vorfinden. In der Partnerschaft ist es nicht anders. Wir träumen von idealen Beziehungen und sind unzufrieden oder traurig, wenn wir das Ziel mit diesem Partner nicht erreichen. Der Weg, den Partner zu verändern, ist verschlossen. Darum geht es also nicht.

Es geht darum, selbst eine Einstellung zu finden, die die Abweichungen von deinem Traumbild beim Partner nicht so furchtbar wichtig macht. Was man nicht ändern kann, kann man vielleicht akzeptieren. Wenn du sagst: „Ich kann damit nicht leben", dann heißt das im Grunde, „ich will damit nicht leben". Du könntest schon, natürlich bis zu einer gewissen Grenze. Aber Vieles ist eine Frage der Blickrichtung. Es gibt Probleme aber es gibt auch ganze Felder, auf denen wir gut zurechtkommen. Die Blickrichtung macht uns zufrieden oder unzufrieden. Es gibt Lösungen, die wir selbst finden können, wenn wir aufhören, auf die Probleme zu schauen und zu sagen, dass wir nichts machen können. Meckern, nörgeln, kritisieren, vorwurfsvoller Blick, das sind die Mittel, die die bestehende Situation einfrieren oder verschlimmern.

Es geht auch um Verbindlichkeit, um deine innere Sicherheit: Ich will diesen Partner als meinen Lebensgefährten haben und behalten und ich bin bereit, für die Qualität dieser Beziehung Verantwortung zu übernehmen und kreativ zu sein.

Brauchst du deinen Partner?

Ist folgender Gedankengang ein brauchbares Ziel für dich? „Ich brauche dich nicht. Ich käme auch alleine zurecht. Mit dir kann ich aber mehr aus mir und meinem Leben machen. Mein Leben hat mit dir mehr Sinn als ohne dich. Deswegen will ich aus freien Stücken mit dir zusammen sein. Deswegen will ich auch an der Qualität dieser Beziehung arbeiten."
Eine meiner Klientinnen schrieb mir zu diesem Thema:
„Ich habe zwei Leben. Die ersten 40 Jahre war ich abhängig von praktisch jedermann. Ich war abhängig von meinen Eltern und abhängig von meinem Ehemann. Ich war abhängig von der Sympathie meiner Freunde. Ich war Star in Abhängigkeit. Ich wurde aber immer enttäuscht.
Eines Tages habe ich mich entschieden. Seitdem – es sind jetzt etwa 4 Jahre – bin ich herrlich unabhängig geworden. Ich liebe meinen Ehemann. Ich bin glücklich, wenn er zu Hause ist und ich bin glücklich, wenn er mal weg ist. Wir haben früh geheiratet. Unsere Kinder sind schon aus dem Haus. Ich bin froh, wenn die Kinder kommen und um mich herum sind, aber ich bin auch glücklich wenn ich meine Arbeit mache, Klavier spiele, wenn ich einkaufe, wenn ich nähe, wenn ich meinen Haushalt mache, wenn ich mit Freunden zusammen bin. Ich bin nicht länger eine abhängige Person. Ich weiß noch, als ich damals von einem Seminar nach Hause kam und zu Richard sagte: „Heute habe ich mir vergegenwärtigt, dass ich dich nicht mehr brauche. Ich will mit dir weiterhin verheiratet sein, weil ich mit dir leben will, aber nicht, weil ich dich brauche." Richard war sehr aufgebracht. Er war wütend, er war außer sich. Was meinte ich wohl, dass ich ihn nicht brauchte. Wofür ist die Ehe dann überhaupt da? Er sah es als den Anfang vom Ende. Aber jetzt – 4 Jahre später – bestätigt er, dass Unabhängigkeit das Größte ist, was in einer Ehe passieren kann. Wir sind frei,

einander zu lieben und einander Freude zu machen, aber keiner sieht den anderen noch länger als verantwortlich für sein eigenes Glück. "
Immer wenn wir enttäuscht sind, haben wir uns an jemanden angelehnt, bzw. uns von jemandem abhängig gemacht. Wenn du dich aber auf jemanden stützt und der andere bewegt sich, fällst du um. So einfach ist das. Wie viel sicherer ist es, auf eigenen Füßen zu stehen und zu wissen: „Ich werde nicht umfallen." Manchmal ist es auch schön, sich abhängig zu verhalten, insbesondere dann, wenn man weiß, dass es wirkt. *Er meint, er kann keine Behördengänge erledigen. Sie macht es. Bei einem anderen Paar kann sie keine Fragebogen ausfüllen. Er macht es. Sie hat furchtbare Angst vor Spinnen. Sie ruft laut, er kommt und entfernt die Spinne. Er kann nicht kochen. Sie kocht und kocht vor, wenn sie mal nicht da sein kann.* In vielen Bereichen machen wir uns abhängig. Was passiert, wenn Menschen sich trennen oder wenn der Partner stirbt. Der Einzelne wird oft erstaunlich selbständig, erledigt Behördengänge, füllt Fragebögen aus, entfernt Spinnen und kocht. „Ich kann auf eigenen Füßen stehen. Ich käme - notfalls - auch ohne dich zurecht!" Das Wichtigste ist, immer in Gedanken zu behalten, dass es eine Entscheidung ist, abhängig oder unabhängig zu sein. Auch diese Entwicklung fängt in deinem Kopf an, mit der Entscheidung: „Ich will und ich kann!"

Eine Freundin von Julitta, meiner Frau und mir, sagte: *„Ich fühle mich gut dabei zu wissen, dass ich mich auf mich verlassen kann, wenn es sein muss. Ich kann für mich selbst sorgen. Ich kann es genießen, mit meiner Familie und mit Freunden zusammen zu sein, aber nicht weil ich sie brauche. Sie wissen, dass ich sie nicht brauche. Sie wissen, dass sie kommen können und ich mich freue, wenn sie da sind und dass ich mich freue, wenn sie mich in Ruhe lassen. Ich würde es furchtbar finden, eine Mutter zu sein, deren Kinder sich* *schlecht fühlen, wenn Mutter alleine ist. Ich habe lieber, dass sie wissen: „Es geht Mutter gut, mit uns und ohne uns. "*

An der Beziehung arbeiten, heißt also auch, an deinem Selbstbewusstsein und an deiner Eigenständigkeit arbeiten. Dann kannst du auch Erwartungen aufgeben und selbst aktiv werden. An der Beziehung arbeiten heißt dann, deine Blickrichtung ändern und deine eigenen Stärken erkennen. Es heißt auch, dich innerlich frei fühlen, weil du mit Sicherheit weißt, es gibt Lösungen. Und es heißt: „Ich will den anderen nicht ändern. Ich will die Differenzen nicht so wichtig machen." So nimmst du auch den Druck aus der Beziehung heraus. Dann fühlt sich der Partner freier und eher geliebt. Dann wächst auch in ihm die Bereitschaft, etwas für die Qualität der Beziehung zu tun. Das sollst du glauben. Viele sind dir mit dieser Erfahrung vorangegangen.

➢ **Vorschlag: „Der eigene Anteil"**
Wenn du den Druck vom Partner wegnimmst und anfängst zu schauen, was du tun kannst, dann kannst du dir auch mal die Frage stellen: „Wenn diese Partnerschaft zu Ende ginge, was wäre daran dann mein Anteil?" Dieses Thema könntest du dir mal genauer anschauen. Vielleicht findest du in diesem Buch Anregungen, wie du das machen kannst. Aber du könntest dir schon mal einige Antworten aufschreiben.

Es sind die kleinen Dinge

Zur Verbesserung deiner Partnerschaft brauchst du keine „Hauruck-Aktionen." Du brauchst dich auch nicht von Grund auf zu ändern. Du bist du und so wie du bist, bist du gut genug. Es sind die kleinen Dinge, die die großen Veränderungen bringen. Es sind die kleinen Dinge, die deine innere Blickrichtung ändern. Es sind die kleinen Dinge, die die

Gefühle der Liebe wieder aufflammen lassen. Ihr werdet euch näher kommen. Es ist schön, ein gemeinsames Haus, gemeinsame Kinder, ein gemeinsames Geschäft zu haben. Es ist schön gemeinsame Ziele zu verfolgen, gemeinsame Freunde zu haben. Aber ohne die Liebe ist das alles nichts! Was nützen dir die schönen Möbel, ein schönes Service, ein schönes Auto, schöne Kleider oder ein Boot. Was nützen uns alle materiellen Dinge der Welt, wenn die Liebe fehlt? Worauf wartest du? Es waren immer die Einzelnen, die nicht gewartet haben, bis sich ein System geändert hat. Wir brauchen uns nicht zu vergleichen mit Mutter Theresa, mit Gandhi oder mit Henry Dunant[1], aber sie waren auch allein. Sie hatten eine Idee und haben angefangen. Sie haben der Welt ein neues Gesicht gegeben. Gib du deiner Partnerschaft ein neues Gesicht.

Erneuere noch einmal die Entscheidung, mit diesem Partner zusammen zu bleiben, aus der Beziehung das Beste zu machen und sage dir: „Es gibt für mich nichts Wichtigeres, als diese Beziehung. Erst kommen wir beide, dann erst die Kinder, die Eltern, die Schwiegereltern. Erst kommt unsere Beziehung, dann erst die Arbeit. Und ärgere dich nicht, wenn dein Partner das bis jetzt noch anders sieht. Tue du lieber das, was du von ihm erwartest.[2]

Dieses Buch handelt von wichtigen Dingen. Es geht um deine tief gefasste Entscheidung, zusammen zu bleiben und etwas Gutes aus der Beziehung zu machen. Es geht um die Entwicklung deines Selbstbewusstseins und deiner Eigenständigkeit innerhalb der Partnerschaft. Es geht um die richtige Anwendung von Ermutigung. Es geht um sprechen und zuhören. Es geht um den Umgang mit deinen Gefühlen. Es geht um die Bereitschaft zu verzeihen. Kurz, es geht um

---

[1] Der Begründer des Roten Kreuzes.
[2] Siehe auch Schoenaker, Theo: „Die kreative Partnerschaft" S. 58

Frieden in der Partnerschaft, um Chancen für eine bessere Lebensqualität.

Wenn du mit Hilfe dieses Buches an deiner Partnerschaft arbeiten willst, kannst du dir vielleicht ein schönes Heft für deine Notizen und Übungen kaufen. Ich nenne solch ein Heft im Text dieses Buches „Wachstumsbuch". Denn zurückblätternd wirst du darin dein persönliches Wachstum erkennen.

2

... und leb dein Leben!

Du bist die wichtigste Person in eurer Partnerschaft. Denn du bist diejenige, die etwas ändern kann. Hast du auch schon die Erfahrung gemacht, dass die Welt um dich herum sich ändert, wenn du deine Einstellung änderst? Wenn du glücklich bist, ist die Welt heller. Bist du traurig, ist sie dunkler. Wenn du Forderungen, die du an deinen Partner hast, nicht mehr so wichtig machst, wenn du deine Erwartungen fallen lässt und besser weißt, was du selbst willst, dann kann es passieren, dass dein Partner anfängt genau das zu tun, was du immer so gerne von ihm wolltest. Sowohl Mütter als auch Ehepartner sagen mir oft: „Wenn ich gut drauf bin, dann weiß ich auch, wie ich mit meinen Kindern und mit meinem Partner umgehen kann."

Dein Vorsatz, allein für die Verbesserung der Partnerschaft zu arbeiten, ist ein sehr interessanter, aber keine leichte Aufgabe. Hab Geduld und sei beständig. Nimm die Anleitungen in diesem Buch ernst und wende sie mit Weisheit an. Fang bei dir selbst an und leb dein Leben zum Wohle deiner Partnerschaft.

Du bist du

Du bist du und so wie du bist, bist du gut genug. Kannst du schon annehmen, dass du gut genug bist, genauso wie du heute bist? Oder bist du dir selbst erst gut genug, wenn du nie mehr Fehler machst und vollkommen geworden bist? Dann kannst du lange warten. Wenn du die Neigung hattest, dich selbst viel zu kritisieren und wenig zu ermutigen, dann kann der Gedanke „ich bin ich und so wie ich bin, bin ich gut genug" alleine schon ein neuer Sonnenaufgang für dich bedeuten.

Setz dich gerade hin. Spüre, dass du da bist und sage dir: „Ich bin ich und so wie ich bin, bin ich gut genug." Dieser Gedanke kann auch für dich zu einem Lebensgefühl werden, das es dir ermöglicht, dich selbst zu vergessen und dich konzentriert und begeistert mit deinen Zielen zu beschäftigen. Ich bin ich und so wie ich bin, bin ich gut genug, räumt auf mit den Fragen: „Bin ich gut oder bin ich schlecht?" Sowohl die, die sich immer wieder fragen ob sie gut sind, als die die immer wieder fragen, ob sie schlecht sind, beschäftigen sich zu viel mit sich und vergleichen sich selbst mit anderen um die Antwort zu finden. Du bist natürlich beides, mal gut mal schlecht. Aber die Beschäftigung damit, hilft dir nicht wirklich weiter.

„Ich bin ich und so wie ich bin, bin ich gut genug!" Das wird der Ausdruck deines neuen Lebensgefühls werden. Es ist ein Gefühl der Sicherheit, mit dem Gedanken im Hintergrund: „So ist das und damit brauche ich mich überhaupt nicht mehr zu beschäftigen. Ich brauche mich nicht mehr um gut oder schlecht zu kümmern, ich bin so wie ich bin gut genug. Und jetzt sag mir mal, was ich tun kann." Es ist nicht so wichtig, ob andere Leute wissen, dass du gut genug bist. Du weißt es!

> **Vorschlag: „Ich bin ich ...“**

Lange genug haben die meisten Menschen sich selbst kritisiert und abgewertet. Sie brauchen sich über ihre Minderwertigkeitsgefühle nicht zu wundern. Denn das Kernstück von Minderwertigkeitsgefühlen ist die Annahme: „So wie ich bin, bin ich nicht gut genug.“ Nimm darum folgenden Gedanken in dir auf. „Ich bin ich und so wie ich bin, bin ich gut genug.“ Sage ihn dir immer wieder; vor dem Schlafengehen, vor dem Aufstehen und in den kleineren Pausen zwischen den täglichen Arbeiten. Du sollst es wissen und allmählich selbstverständlich als Lebensgefühl in dir haben. Irgendwann siehst du in Gedanken deinen Partner vor dir und dann sagst du: „...und du auch!“ Der Anfang des Friedens ist gemacht.

Du brauchst nur etwas Mut!

Erik Blumenthal[1] sprach mal davon, dass wir in einer Entmutigungsgesellschaft leben und er nannte Schulen Entmutigungsanstalten. Es sind harte Worte, aber wer ein bisschen um sich rumschaut, weiß, dass da viel Wahres dran ist. Wir lernten in unserer eigenen Erziehung nicht, auf die Stärken und auf das Gute zu schauen. Deswegen braucht es uns nicht zu wundern, wenn wir in der Partnerschaft so miteinander umgehen, dass man sich fragt, was daran nun schön sein soll. Aber auch in dem Umgang mit uns selbst beschäftigen wir uns im allgemeinen mehr mit dem, was wir falsch machen als mit dem, was wir richtig machen. Unsere dadurch vertieften Minderwertigkeitsgefühle sind dann Anlass, den Partner herunter zu machen.

---

[1] Blumenthal, Erik: „Neue Wege zur inneren Freiheit“

17

➢ **Vorschlag: „Gut an mir als Partner"**
Du findest eine neue Einstellung zu dir selbst, wenn du anfängst dich zu fragen: Was finde ich gut an mir als Partner? Nimm dein Wachstumsbuch und schreibe fünf Antworten auf. In der vor dir liegenden Woche schreibst du jeden Tag zwei neue Qualitäten hinzu. Sobald du merkst, dass du dich wieder mit dem beschäftigst, was du falsch machst und gemacht hast, sagst du dir: „Nein, das will ich nicht so wichtig machen, ich schaue jetzt auf das, was gut ist, an mir als Partner." Es wird dir in der kommenden Zeit immer leichter fallen, diese Frage zu beantworten.

Deine Notizen könnten so aussehen. – **Beispiel:**
Ich finde gut an mir als Partner, dass ich:
- ihm die Freiheit lasse, die er braucht
- aufmerksam zuhöre, wenn er von seiner Arbeit spricht
- immer sage, wohin ich gehe und wann ich zurückkommen werde und mich auch daran halte
- mich in der Sexualität gut fallen lassen kann
- auch eigenständig meinen Weg gehen kann
- Missverständnisse nicht unnötig aufbausche.

Dein Selbstwertgefühl wird wachsen auf dem Bewusstsein deiner Stärken. Wenn jemand dich fragt: Wer bist du? und mehr wissen will als deinen Name und deine Adresse, dann kannst du dich selbst definieren auf der Grundlage deiner Schwächen oder auf der Grundlage deiner Stärken. Im Grunde bist du ja beides. Auf die Schwächen hast du schon lange genug geschaut. Das hat deinem Selbstwertgefühl nicht gut getan.

➢ **Vorschlag: „Wer bist du?"**
Beantworte jetzt sofort oder auch erst nächste Woche, nachdem du die vorigen Übungen gründlich gemacht hast, folgende Frage: „Wer bist du?" Und beantworte diese Frage 20 Mal.

Deine Antworten könnten so aussehen. – **Beispiel:**

- Ich bin ein Mensch, der gut arbeiten kann.
- Ich bin ein Mensch, der geduldig warten kann.
- Ich bin ein Mensch, der gerne im Haushalt hilft.
- Ich bin ein Mensch, der im handwerklichen Bereich geschickt ist.
- Ich bin ein Mensch, der an seine Partnerschaft glaubt.

usw.

Wenn du dich so mit diesen Fragen und Antworten beschäftigst, führst du positive Selbstgespräche. Wir reden ja sowieso ständig mit uns selbst; viel mehr als uns bewusst ist. Meistens sprechen wir im negativen Sinne mit uns selbst. Durch diese Art der bewussten inneren Gesprächsführung redest du mit dir selbst über deine Stärken. Das baut dich auf. Das verändert deine Blickrichtung. Das ist Arbeiten an dir selbst. Es ist in Ordnung, das zu tun. Es ist in Ordnung, dich selbst anzunehmen als gut genug.

Das Thema, womit du in der vorliegenden Aufgabe zu tun hast, ist die Frage der Kritik. Wir gehen im allgemeinen so mit uns selbst um, wie unsere Eltern mit uns umgegangen sind. Und die meisten von uns sind mit Kritik aufgewachsen, deswegen kritisieren wir auch uns selbst. Wer aber sich selbst kritisiert, der kann sich selbst auf Dauer nicht mögen. Und wer sich selbst nicht mag, der hat es auch schwierig, andere zu mögen. Je mehr du dich beschäftigst mit der Frage: „Was finde ich gut an mir als Partner?" oder „Wer bin ich im positiven Sinne?" desto mehr wird es dir auch auffallen, wenn du unliebsam mit dir selbst sprichst. Übe dich darin, zu dir selbst zu sprechen, so wie du mit einem guten Freund oder einer guten Freundin sprechen würdest.

> **Vorschlag: „Das gute Selbstgespräch"**
  Sprich mit dir wie mit einem Menschen, den du wirklich magst und von dem du willst, dass es ihm gut geht.[1]
  Stell dir vor, du würdest öfter so mit dir sprechen.

---

[1] Siehe auch Schoenaker, Theo: „Mut tut gut", Kapitel 5.1

Beispiel:
Ich bin ... (eigener Name). Ich habe eine gute Ausstrahlung und bin freundlich im Umgang mit meinem Partner. Meine Haltung ist aufrecht, meine Mundwinkel sind oben. Ich erledige gerne meine Aufgaben. Dafür habe ich mich entschieden. Ich bin stolz auf das, was ich alles schon geleistet habe. Auch die Beziehung zu meinem Partner gestalte ich entschlossen. Dass ich heute da stehe, wo ich jetzt stehe, habe ich zum Teil auch meinem Partner zu verdanken. An den Herausforderungen in meiner Partnerschaft wachse ich täglich. Ich entwickle Eigenständigkeit und packe Dinge an, die ich früher lieber abgegeben hätte. Manchmal werte ich mich noch ab, aber ich blicke schon viel öfter auf die Fortschritte, auf Erledigtes, auf Gelungenes und bin dann eigentlich ganz zufrieden mit mir. Das merkt auch mein Partner. Es ist gut, mich als Partner zu haben. Ich lache öfter über kleine Missgeschicke und kann Dinge, die mich ärgern könnten, einfach stehen lassen. Ich sage mir „mach's nicht so wichtig". Ich liebe meinen Partner und nehme mich selbst an, wie ich bin.

Willst du dir nicht ein gutes Selbstgespräch in dieser Art schreiben und auswendig lernen?

Deine Kindheit ist nicht ohne Einfluss

Deine Kindheit ist nicht ohne Einfluss auf dein erwachsenes Leben. Wir sind ja nicht so erwachsen wie wir aussehen. Wir sind alle Kinder in einer alternden Haut. Deine Eltern haben nach ihren Möglichkeiten ihr Bestes getan. Trotzdem trägst du noch die Spuren der Erziehung in dir. Es gab Gutes und Schmerzliches in deiner Kindheit. Das Gute gibt dir Kraft und bereichert dein Leben. Das Schmerzliche kann einen störenden Einfluss auf deine Partnerschaft haben. Deshalb, bevor du anfängst zu überlegen, was sich zwischen dir und deinem Partner abspielt, schau doch erst mal, was sich in dir selbst abspielt. Folgendes kann hilfreich sein:
Es gibt auch in deinem Leben ein bestimmtes negatives Gefühl, das immer wieder auftaucht. Es ist das negative Gefühl,

das in deiner Kindheit nicht immer, aber immer mal wieder da war. Hast du dich als Kind immer mal wieder schuldig gefühlt, dann ist das möglicherweise auch in deinem erwachsenen Leben und deiner Partnerschaft ein Thema. Du wirst dich oft, ohne zu wissen warum, immer wieder schuldig fühlen. Du wirst Dinge, die passieren, bewusst oder unbewusst, so drehen, dass du wieder schuldig bist. Die inneren Stimmen der Eltern machen es möglich. Haben sie dir gesagt, dass du dumm bist, dann sagst du dir jetzt selbst: „Ich bin dumm." Und dann fühlst du dich auch so. Das Gefühl, das in der Kindheit immer mal wieder da war, taucht in deinem jetzigen Leben immer wieder auf. Das Gefühl alleine zu sein, das Gefühl abgelehnt zu sein, das Gefühl der Traurigkeit. Wie heißt das Gefühl bei dir? Dieses Gefühl ist in deiner Kindheit entstanden, und ist dir sehr vertraut. Unbewusst tust du was dazu, dass du immer wieder in diesem Gefühl ankommst. Wir sagen: Du kommst wieder „zu Hause" an.

> **Vorschlag: „Das negative Kindheitsgefühl"**
> Geh in Gedanken zurück in deine Kindheit. Sieh die Wohnung, wo du aufgewachsen bist und auch die Personen, die damals in deinem Leben eine Rolle spielten. Welches negative Gefühl verbindest du mit der damaligen „Welt des Kindes"? Gib diesem Gefühl einen Namen: Traurig, einsam, hilflos, wütend, abgelehnt, ungerecht behandelt, schuldig, dumm usw. Schreibe es auf und frage dich, wann du dieses Gefühl in deinem erwachsenen Leben hattest. Dieses oft wiederkehrende Gefühl ist dein Thema. Du stellst es her. Du kannst es ändern. Du bist nicht Opfer.

Hast du so gesehen, nicht auch den „richtigen" Partner geheiratet? Ist er es nicht, der es dir ermöglicht, genau wieder in diesem vertrauten negativen Gefühl anzukommen? Kann es sein, dass du meinst, dass er es ist, der dich einsam macht, dadurch, dass er so viel weg ist, oder sich so wenig mit dir beschäftigt? Kann es sein, dass du meinst, dass er es ist, der so tut als wüsste er alles besser, wodurch du das Gefühl bekommst, dumm zu sein?

Hast du dich als Kind nicht ernst genommen gefühlt, dann kann es sein, dass du jetzt den Partner gefunden hast, der es dir ermöglicht, dich wieder nicht ernst genommen zu fühlen. Alle können dieses Gefühl haben, aber **jüngste Kinder** haben es oft. Im Kapitel 7 über Gefühle wirst du lernen, was du tun kannst um nicht in diesem Gefühl stecken zu bleiben.

Das **mittlere Kind** von drei erlebt die Welt als ungerecht. In vielen Familien muss das mittlere Kind die Kleider des ersten abtragen und das jüngste bekommt neue Kleider. Ungerecht! Dieses Gefühl, dass die Menschen und das Leben ungerecht sind, produzieren wir dann auch wieder im Erwachsenenalter. Wenn du dich in der Partnerschaft oft ungerecht behandelt fühlst, dann spür doch mal in deine Kindheit hinein, vielleicht war es auch dort das leitende Gefühl. Wenn du das feststellst, dann weißt du, dass es weniger mit deinem Partner als mit dir zu tun hat, wenn du dich wieder ungerecht behandelt fühlst. Dein Partner macht es durch sein Verhalten zwar möglich, aber es ist dein Ding.

Erstgeborene Kinder haben oft etwas Perfektionistisches; auch in Bezug auf Ordnung. In der Kindheit erleben sie, dass die jüngeren Geschwister ihnen diese Ordnung durcheinander bringen. So haben sie die Neigung, dieses Thema Ordnung sehr wichtig zu machen. Wenn dir das in deiner Partnerschaft auch passiert, dann weißt du: Es ist mein Ding. Ob ich Erstgeborener bin oder nicht, ich mache da etwas zu wichtig.

Zweitgeborene Kinder stehen meistens unter Druck und wollen den anderen überholen. Zweitgeborene Kinder neigen zu Konkurrenzverhalten. Sie wollen schneller sein, besser sein und entmutigen dadurch den anderen. Ist das ein Thema in deiner Partnerschaft?

Es kann auch alles anders sein. Dieser Ausdruck von Alfred Adler sagt, dass man in der Psychologie nicht alles so festlegen kann. Es gibt Tendenzen und Wahrscheinlichkeiten für die oben angegebenen typischen Gefühle. Du kannst diese Gefühle aber auch haben wenn du diesen Platz in der Kinderreihe nicht einnimmst.[1]
Diese Erkenntnisse können dir helfen, dich selbst besser zu verstehen im Lichte deiner eigenen Vergangenheit. Du kannst dann feststellen: „So ist das bei mir. So leicht kann ich das nicht ändern. Ich kann es mir aber immer besser und schneller bewusst machen, so dass ich noch rechtzeitig stoppen kann, den Mund halten kann, darüber schmunzeln kann und aufhören kann, dem Partner darüber Vorwürfe zu machen."

---

[1] Siehe auch Schoenaker, Th. /Schoenaker, J./ Platt, J.M.: „Die Kunst als Familie zu leben" S. 32 ff. und Schoenaker, Theo: „Die kreative Partnerschaft" S. 119 ff.

3

Das Ende beginnt
mit der Entmutigung

Wenn uns etwas nicht gefällt, ist es so üblich, dass wir fordern, kritisieren, meckern, nörgeln oder abwertende Bemerkungen machen. Und das ist so unproduktiv. Es ist egal, ob wir diese Methoden gegen uns selbst verwenden, wenn wir meinen, dass wir nicht gut genug sind, oder ob wir sie dem Partner gegenüber einsetzen. Sie führen in allen Fällen auf Dauer zur Entmutigung. Entmutigung nimmt uns den Schwung, die Kraft, die Freude, die Hoffnung, die Bereitschaft zur Zusammenarbeit und die Liebe. In einer Beziehung, in der man sich gegenseitig entmutigt, stirbt die Fähigkeit zu lieben. Das Ende der Liebe beginnt mit der Entmutigung. Wenn dein Partner sich unnahbar, unausstehlich verhält, dann weißt du: „Er ist entmutigt, er braucht meine Ermutigung." Es ist egal, ob er am Arbeitsplatz, von den Nachbarn, von seinen Eltern oder von dir entmutigt wurde. Er braucht Ermutigung. Menschen, die stören, quer liegen, kämpfen oder nicht mitarbeiten wollen, sind entmutigte Menschen.

Egal in welchem negativen Verhalten sich die Neigung zu entmutigen ausdrückt, sie entsteht durch unsere innere Ausrichtung auf die Fehler; unsere eigenen und die des anderen.

Wer sich selbst abwertet, der wertet auch die anderen ab. Wer sich selbst schlecht macht, der fühlt sich minderwertig und verhält sich so, dass auch andere um ihn herum sich schlecht fühlen. Die Liebe in der Partnerschaft stirbt an Kleinigkeiten aus dem Fundus der Fehlerbezogenheit. Dies ist der auffälligste Grund. Damit wird sich dieses Buch vorrangig beschäftigen.

Wie entmutigst du?

Neben der Fehlerbezogenheit, gibt es auch andere Anlässe, wodurch der Partner fühlt, dass ihm plötzlich oder langsam der Boden der Sicherheit unter den Füßen wegrutscht. Dazu habe ich über 70 verheirateten Einzelpersonen die Frage gestellt: „Womit entmutigst du deinen Partner?"
Hier sind die Antworten.
Ich entmutige meinen Partner, wenn ich:
- keine Zeit für ihn habe;
- mich sexuell verweigere;
- ihn alleine lasse;
- nachtragend bin, nicht reden will;
- kein Interesse zeige, nicht zuhöre und ihn nicht ausreden lasse;
- ihn nicht Ernst nehme (in seiner Meinung, seinen Wünschen, seinen Hoffnungen);
- es so drehe, dass der Partner immer schuld ist;
- seine Leistungen abwerte;
- ihn ständig kritisiere, worunter auch seine Kinder, seine Eltern und seine Freunde gehören;
- nicht zu ihm stehe, ihm die Unterstützung verweigere;
- immer Recht (das letzte Wort) haben will und ihn ins Unrecht setze;
- immer meine Meinung durchsetze;

- es immer besser wissen will (in die Enge treibe);
- seine Anstrengungen für mich nicht wahrnehme oder nicht gelten lasse;
- ihm ein schlechtes Gewissen mache;
- ihn lächerlich mache (bloßstelle);
- Vertrauen verweigere (geht dich nichts an);
- seine Schwächen imitiere;
- den moralisch Besseren spiele;
- über ihn verfüge, ihn verplane;
- Absprachen nicht einhalte bzw. vergesse.

Aber auch durch:
- Lügen;
- außereheliche Beziehungen;
- Liebesentzug, Befehlen, Ironie, Sarkasmus;
- körperliche Gewalt;
- Vertrauensbruch.

Magst du diese Liste noch mit eigenen Methoden der Entmutigung ergänzen? Das kannst du bestimmt. Entmutigen können wir gut. Einige Folgen: Wir küssen uns nicht mehr auf den Mund. Wir schauen uns nicht mehr ruhig und liebevoll in die Augen. Wir lachen nicht mehr zusammen. Wir können uns nicht mehr riechen. Wir schlafen immer weniger miteinander.

Entmutigung nimmt uns auf Dauer alle Lebensfreude und vor allem die Liebe. Die Liebe wird jetzt aber wieder wachsen, allein schon dadurch, dass du aufhörst zu entmutigen. Manchmal!

➢ **Vorschlag: „Entmutigung stoppen"**
Du könntest in der obigen Liste mal für dich selbst ankreuzen, welche Arten der Entmutigung du deinem Partner gegenüber anwendest.
Kannst du daran etwas ändern? Wenn dir bei Gelegenheit in diesem Sinne mal etwas gelingt, verdienst du Anerkennung; erst mal von dir selbst.

4

... wohl tausend
zärtliche Gedanken

Ich weiß ein Land, das ohne Schranken,
ich weiß ein Reich worin sich ranken
wohl tausend zärtliche Gedanken
um meiner Liebe Rosenpfad.
Das ist das Land, worin ich lebe,
das ist das Reich, das ich dir gebe.
Auf dessen Thron ich dich nun hebe,
ist meines Herzens freier Staat.

Aus einer Operette von Robert Stolz

Das ist das Land, worin ich lebe, das Land der tausend zärtlichen Gedanken. Das ist das Reich das ich dir gebe. Wer sich verbindlich für seine Partnerschaft entscheidet und auf das Positive anstatt auf das Negative schaut, der wird sich in seiner Partnerschaft sicher fühlen und kleine Wunder erleben. Es kann sein, dass du dieses oben angedeutete Reich von tausend zärtlichen Gedanken nicht erreichst, aber der Weg dahin ist schon ein lebenswertes Ziel. Wie wir vorhin gesehen haben, ist es uns viel vertrauter zu kritisieren als zärtliche Gedanken zu denken und Anerkennung zu geben.

Es wird deine Beziehung bereichern und dein Selbstwertgefühl sehr stärken, wenn du anfängst, darauf zu achten, wann dein Partner, verständnisvoll, entgegenkommend, hilfsbereit, geduldig, humorvoll oder freundlich ist; kurz: etwas Gutes tut. Wenn dir etwas Negatives, etwas Störendes auffällt, sag dir dann: „Ich will das nicht so wichtig machen. Die Liebe ist mir wichtiger. Ich finde gut an ihm, dass er - z.b.- so beständig und zuverlässig ist." Sag es nicht. Denke es nur! So entwickelst du langsam eine Haltung, die auf das Gute gerichtet ist. Da fängt Ermutigung an. Davor liegt der Wunsch nach Frieden und der Wunsch, dass es dem Partner besser geht. Ermutigung ist eine Kunst, die man erlernen kann. Jeden Tag ein bisschen üben. Es bereichert euer Leben.

Die Reihenfolge, die zu einer Ermutigungshaltung führt, ist:

1. Die Entscheidung für eine befriedigendere Beziehung: „Ja ich will diese Partnerschaft. Ich übernehme Verantwortung für die Qualität unserer Beziehung."
2. Die Entscheidung, die Entmutigung so weit wie es nur geht zu stoppen: „Ich erkenne, dass wir unsere Partnerschaft nicht auf das Bewusstsein von Schwächen und Fehlern aufbauen können. Ich erkenne, dass die Orientierung an den Fehlern falsch ist."
3. Die Entscheidung, auf das Gute zu achten: „Ermutigung gibt uns Kraft, Hoffnung und Sicherheit. Sie ist ein Ausdruck meiner Liebe zu dir."

Kennzeichen einer guten Ehe

Es gibt eine Untersuchung über die wesentlichen Bestandteile einer guten Ehe. Die Teilnehmer waren 200 Ehepaare, die von sich selbst sagten, dass sie eine gute Ehe hätten und über die auch einige Personen in deren Umfeld sagten, dass sie die Ehe für gut hielten. Die Untersuchung zeigte, dass die wesentlichen Aspekte einer guten Ehe folgende sind: Die Paare sagen sich mit großer Selbstverständlichkeit, was sie aneinander schätzen, dass sie sich lieben. Sie berühren sich im Vorbeigehen, geben sich eine kurze Umarmung. Sie küssen sich. Sie lachen gemeinsam. Es sind alles Ausdrücke der

Liebe, die sowohl mit Worten als auch ohne Worte stattfinden. Die Grundlage dafür ist die innere Haltung der Zuneigung und der Ermutigung. Diese Haltung kann man entwickeln.

Dieselben 70 Personen, die ich über Entmutigung befragt habe, habe ich auch gefragt: „Was ist nach deiner Erfahrung gut für eine Partnerschaft?" Hier sind die Antworten, so wie ich sie bekam:

- Dem Partner sagen, wie ich mich fühle;
- ihn aussprechen lassen;
- dem Partner Freiräume lassen (z.b. für sein Hobby);
- dem anderen zuliebe etwas machen;
- in der Ich-Form sprechen;
- Augen auf, für die guten Kleinigkeiten;
- den anderen ermutigen; ihm sagen, was man an ihm schätzt; Komplimente machen;
- Körperkontakt, Kuscheln, Massage;
- wenn du Frau bist, auch von dir aus mal die Initiative zum Sex ergreifen;
- die Entscheidung „ich will genau dich";
- zuverlässig sein;
- Fragen stellen; Interesse zeigen;
- den Partner beim Namen nennen;
- Zuneigung bewusst zeigen;
- lernen zu wissen, was ich selbst will;
- selbständiger, unabhängiger werden;
- Humor;
- Störungen, Negatives „nicht so wichtig machen";
- die Qualität des Zusammenseins verbessern;
- die Weiterentwicklung des Partners fördern;
- aufpassen, dass andere nicht die Beziehung spalten. „Erst wir, dann alles andere."

➢ **Vorschlag: „Was ist nach deiner Erfahrung gut für eine Partnerschaft?"**
Die meisten der oben aufgeführten Beiträge zu einer guten Partnerschaft liegen in deiner Hand. Du kannst sie unabhängig vom Partner umsetzen! Worauf wartest du? Das alles wirkt ermutigend.
Vielleicht findest du noch andere Verhaltensweisen, die aus deiner Erfahrung gut sind. Mach deine eigene Liste, dann hast du eine klare Anleitung für das, was zu tun ist.

Es ist nach meiner Erfahrung nicht selbstverständlich, dass das Wort Ermutigung immer richtig verstanden wird. Jeder verbindet eigene Vorstellungen mit diesem Wort.
Dazu **ein Beispiel**:
Eine gebildete Frau erzählt: „Mein Mann hatte einen Schlaganfall. Allmählich erholt er sich und übernimmt wieder kleinere Arbeiten in Haus und Garten. Trotzdem wirkt er oft unzufrieden und mürrisch. In den letzten Wochen übertreibt er es mit der Arbeit; er arbeitet zu schwer und zu lange ohne Pause. Ich mache mir Sorgen, dass er noch einen weiteren Schlaganfall bekommt." Ich: „Ermutigen Sie Ihren Mann? Vielleicht will er von Ihnen hören, dass Sie es gut finden, dass er sich schon so weit erholt hat und nun schon wieder so viel kann." Sie: „Ja, ich sage ihm immer, dass er nicht so lange arbeiten soll." Ich: „Es ist wahrscheinlich, dass Ihr Mann das nicht als Ermutigung versteht, sondern als Kritik." Sie: „Ich meine es doch nur gut."
Darum geht es aber nicht. Die Frage ist, ob unsere Signale – mit oder ohne Worte – den anderen aufbauen und die Beziehung verbessern, ob unsere Ermutigung ankommt.

➢ **Vorschlag: „Verliebtheitszeit"**
Frag dich doch mal, was du in der Verliebtheitszeit gemacht hast, um diesen Partner für dich zu gewinnen.

Schreib auf, woran du dich erinnerst. Vielleicht bringt es dich noch auf mehr Ideen für die kommende Zeit.[1]

Die Fähigkeiten, die du in der Verliebtheitszeit hattest, hast du ja nicht verloren. Nur der Einsatz dieser Fähigkeiten ist euch wohl beiden verloren gegangen. Ihr seid darin nicht allein. Die meisten Paare haben sich nach der Verliebtheitszeit entschieden, zusammen zu bleiben, haben Kinder bekommen, ein Haus gebaut oder sind andere materielle Verpflichtungen eingegangen. Sie haben viel gearbeitet und haben einander übersehen. In einem lustigen Lied von dem Wiener Liedermacher Hermann Leopoldi spricht er dieses schmerzliche Thema so an:

Meine Frau sieht aus, wenn sie geschminkt,
wie ein Traum, den ein Poet besingt.
Doch geht sie zu Bett bei Nacht ohne Puderlage,
dann sag ich, gestatten Sie, bloß die eine Frage:
Ach Sie sind mir so bekannt, so bekannt, so bekannt
Wo, wo, wo hab ich Sie schon gesehen?
Sind wir etwa gar verwandt?
Sie das wär´ doch interessant.
Wo, wo, wo hab ich Sie bloß gesehen?
Oder kennen wir uns wie in gewissen Ehen,
und haben uns im Lauf der Zeit völlig übersehen?
Ach Sie sind mir so bekannt....

Ein Paar kam zu mir mit der Bitte um einige Tipps wie sie ihre Beziehung beleben könnten. 32 Jahre sind sie jetzt zusammen. Sie spricht als erste und sagt:
„Wir haben so ungefähr jeden Unsinn gemacht, den man in einer Ehe machen kann. Wir haben zu viel gearbeitet und hatten keine Zeit für einander. Wir haben ein eigenes Geschäft aufgebaut und leben in einem mittleren Wohlstand. Mein Mann hatte schon früh eine außereheliche Beziehung.

---

[1] Siehe auch: Schoenaker, Theo: „Die kreative Partnerschaft", Teil II

Ich habe ihm gezeigt, dass das, was er tut, ich schon lange kann. Und so hatte ich auch ein paar Beziehungen nebenbei. Wir haben uns verletzt und wir haben uns wieder geliebt. Wir haben uns getrennt und wir sind wieder zusammen gekommen. Jetzt haben wir wieder ein Jahr der Trennung hinter uns und wir wollen wieder zusammen kommen. Wir brauchen Ihre Hilfe. Obwohl wir uns nach einander sehnen, haben wir Angst, dass es wieder so langweilig wird. Wir glauben, dass unsere Beziehung zu schnell austrocknet und dass wir dadurch die Anreize außerhalb der Ehe suchen. Auch er spricht dann noch in Ergänzung und völliger Übereinstimmung mit dem, was seine Frau gesagt hat. Er spricht von Sich-ausgebrannt-fühlen in der Partnerschaft und davon, dass es Zeiten gab, wo ihm seine Frau so fremd geworden sei. Als ich sie bitte, sich einander gegenüber zu setzen und sich zu sagen, was sie gut aneinander finden, ist es als ob ich sie in eine völlig fremde Welt versetzt hätte. Sie schauen sich an, als hätten sie sich auf dieser Ebene noch nie bewegt. Er murmelt etwas von: „Es war ein sehr langer Prozess der Abkühlung." Mit meiner Hilfe – ich sprach in seinem Namen von ihrem schönen Mund und in ihrem Namen von seinen schönen blauen Augen – kamen sie langsam in Bewegung und fanden einige ermutigende Aussagen.

Und doch haben es alle Menschen in der Verliebtheitszeit gekonnt: Sich gegenseitig ermutigen.

Genügt es, dass der Partner noch nicht weggelaufen ist um zu wissen, dass er mich liebt? Nein. Liebe muss ausgedrückt werden. Nicht nur in der Partnerschaft, auch in der Kindererziehung. Die Haltung „Wenn ich dich nicht kritisiere, ist das Ermutigung genug" reicht nicht aus und geht von falschen Annahmen aus. Menschen brauchen Ermutigung, so wie Pflanzen Sonnenlicht und Wasser brauchen. Wenn in einer Beziehung die Ermutigung wegfällt, vertrocknet die Beziehung, genauso wie Pflanzen ohne Sonnenlicht und Wasser vertrocknen und sterben.

Dein Partner braucht Anerkennung. Alle Menschen brauchen Anerkennung. Alle Menschen brauchen die Sicherheit, dass sie für irgend jemanden oder für eine Gruppe so wie sie sind, gut genug sind; dass sie so wie sie sind, akzeptiert sind; dass sie so wie sie sind, geschätzt werden, und dass ihre guten Taten nicht übersehen werden. Es geht um Ermutigung.

Wenn du das Glück hattest, in einer Familie aufzuwachsen, wo man mit liebenden Gedanken, Umarmungen, Lob und Ermutigung nicht gespart hat, dann ist es wahrscheinlich, dass du auch jetzt deinem Partner gegenüber leicht deine Liebe zeigen kannst. Die Partnerschaft ist wie ein Garten, der ständige Aufmerksamkeit und Pflege braucht. Kritik und Besserwisserei, Mangel an Aufmerksamkeit und Interesse in der Partnerschaft sind oft nur eine schlechte Angewohnheit, die man ändern kann, wenn man will und daran erinnert wird, zum Beispiel durch dieses Buch.

Im Folgenden habe ich einige Hilfestellungen für die hohe Kunst der Ermutigung formuliert. Es geht um:

1. Ermutigen durch die Haltung der Liebe
2. Ermutigen durch Zeichen der Liebe
3. Ermutigen durch Worte der Liebe

Ermutigen durch die Haltung der Liebe

Für richtiges Handeln braucht man die richtige Haltung. Deine persönliche Haltung ändert sich mit deiner Blickrichtung. Genauso wie wir von einer kritischen Haltung sprechen, wenn jemand innerlich auf die Fehler ausgerichtet ist, so sprechen wir auch von einer ermutigenden Haltung, wenn ein Mensch innerlich auf das Wahrnehmen der guten Seiten der Menschen eingestellt ist. Die richtige Haltung, wodurch sich in eurer Beziehung schon so viel ändern wird, entwickelst du, wenn du anfängst, anders auf den Partner zu schauen. Ermutigung beginnt in den Augen des Betrachters!

➢ **Vorschlag: „Gut an meinem Partner"**
Schau deinen Partner bei der nächst möglichen Gelegenheit an, mit den Fragen in dir: „Was finde ich gut an ihm?" „Warum will ich ihn nicht verlieren?" „Was ist liebenswert?" Mach daraus eine Übung, indem du anfängst aufzuschreiben, was dir im positiven Sinne einfällt und beschränke dich vorerst auf die körperliche Ebene. Schreib es so, als würdest du es aussprechen. – **Beispiel:**
- *Du hast ein freundliches Lächeln.*
- *Die Frisur steht dir gut.*
- *Das Kleid steht dir gut.*
- *Ich liebe deine sexy Beine.*
- *Ich finde es bemerkenswert, wie gut du Farben bei deiner Kleidung kombinierst.*
- *Du hast eine schöne Haut.*
- *Du riechst gut.*
- *Ich höre gerne deine Stimme.*

Mach das mal ein paar Tage lang – aufschreiben, was du auf der körperlichen Ebene an deinem Partner siehst oder liebst.

➢ **Vorschlag: „Anerkennung der guten Tat"**
Der weitere Schritt in deiner Beobachtung fragt: „Welche Dinge tut der Partner, die du schätzt oder wofür du dankbar bist?" „Was kann er gut?" Es ist die Frage nach Fähigkeiten, Qualitäten, Leistungen, Erfolge. Schreib drei oder vier Tage lang solche Beobachtungen auf. – **Beispiel:**
- *Ich danke dir, dass du das Abendessen fertig gemacht hast.*
- *Ich schätze deine harte und effektive Arbeit, die du heute mit den Kindern gehabt hast.*
- *Ich finde, dass du es wissen solltest, dass ich es sehr schätze, dass du immer so gut für unsere Finanzen sorgst.*
- *Ich liebe deine Art von Humor.*

- *Ich danke dir, dass du für heute Abend einen Babysitter gefunden hast.*
- *Ich danke dir, dass du den Inhalt des Buches, das du zur Zeit liest, mit mir teilst.*
- *Ich komme gerne nach Hause, weil du unseren Lebensraum so gemütlich gestaltest.*
- *Ich danke dir, dass du mir zugehört hast.*
- *Ich schaue dir gerne bei deinen handwerklichen Tätigkeiten zu. Ich glaube, du kannst so ungefähr alles.*
- *Du bist immer so herzlich und freundlich mit unseren Gästen, das schätze ich wirklich.*
- *Es hat mir so gut gefallen, wie du heute Abend so sensibel mit mir umgegangen bist.*

➢ **Vorschlag: „Anerkennung der Person"**
Es gibt Aspekte, die sich nicht auf das beziehen, was der Partner tut, sondern auf seine Person. Auf ihn als Mensch. Schreib diese auf! – **Beispiel:**
- *Ich liebe dich so wie du bist.*
- *Ich bin wirklich froh, dass ich dich kenne.*
- *Ich bin dankbar, dass du mein Leben mit mir teilst.*
- *Du bist meine allerbeste Freundin.*
- *Ich danke Gott, dass du Teil meines Lebens bist.*
- *Du bist ein wunderbarer Mensch.*

Diese Dinge sollst du noch nicht sagen, du sollst sie denken und aufschreiben und wieder lesen. Dies sind die Kategorien, in denen du durch Übung lernst zu denken.

Für die Entwicklung einer ermutigenden Haltung der Liebe geht es vordergründig um Sehen. Immer mehr sehen, was anerkennenswert ist. Deswegen immer wieder die Frage: Was finde ich gut an meinem Partner?
Aber nicht nur deinen Partner, auch deine Partnerschaft als solches kannst du mit einem wohlwollenden Blick betrachten.

➢ **Vorschlag: Gut an unserer Partnerschaft"**
Nimm dir also jetzt mal die Frage vor: „Was finde ich gut
an unserer Partnerschaft?" Stelle dir die Frage ein paar
Tage lang und notiere die Antworten in dein Wachstumsbuch. – **Beispiel:**
Ich finde gut an unserer Partnerschaft dass:
- *wir Wege gefunden haben, unsere Probleme zu besprechen;*
- *wir zusammen beten können;*
- *wir uns in all den Jahren treu geblieben sind;*
- *wir gemeinsame Hobbies haben;*
- *wir uns einig sind in der Erziehung der Kinder;*
- *wir uns gut von unseren Eltern abgrenzen können;*
- *auch jeder von uns alleine sein kann.*

➢ **Vorschlag: „Der Liebesbrief"**
Viele Menschen profitieren von folgender Übung:
Schreibe deinem Partner einen Liebesbrief mit der Absicht, diesen *nicht* abzugeben, sondern ihn für dich zu
behalten. Du drückst in dem Brief alles aus, was du im
Sinne der Liebe gerne sagen möchtest. Diesen Brief liest
du in den darauffolgenden Tagen öfters durch. Die Erfahrung ist, dass die Zuneigung zum Partner sehr zunimmt.
Sie bleibt aber in deinem Herzen. Du schreibst den Brief
zwar an den Partner, aber er ist für die Entwicklung deiner Liebe zu ihm gedacht. So lernst du wieder mit der
Sprache der Liebe, mit den Worten der Liebe umzugehen.

Ermutigen durch Zeichen der Liebe

In dem Maß wie sich in dir die Blickrichtung hin zum Positiven, zum Anerkennungswerten wendet, wirst du automatisch
Signale der Liebe aussenden und dein Partner wird es merken, auch wenn du nichts von all dem aussprichst. Es ist in
deinem Herzen, in deinen Augen, in deiner Berührung, im

Klang deiner Stimme. Diese ermutigende Haltung führt auch zum Bedürfnis der Nähe. Es ist auch ein Zeichen der Liebe, wenn wir unseren Partner nicht aus der Ferne etwas zurufen, sondern ein paar Schritte auf ihn zugehen und ihn aus der Nähe ansprechen. Die Liebe in dir wird dich auch geduldiger machen und du wirst besser zuhören können.

Partnerschaft ist in all seinen Bereichen eine Form der Zusammenarbeit. Zusammenarbeit bedingt, dass mal der eine, dann der andere führt; dass mal der eine die Initiative ergreift und der andere sich anpasst; mal der eine spricht und der andere zuhört; man sich auch gegenseitig mal die Chance gibt, Recht zu haben. Es ist immer ein Geben und Nehmen. Das gilt natürlich auch für die Ermutigung. Wenn ein Paar zusammen diese Kultur der Ermutigung pflegt, sendet mal der eine ein Zeichen aus, das von dem anderen dankbar empfangen wird und dann mal umgekehrt. Jetzt wo du es alleine machst, ist es wahrscheinlich, dass du am Anfang nicht die Reaktionen bekommst, die du gerne hättest. Du wirst es aushalten und zu einem guten Ende bringen. Du weißt, was du willst. Du bist auf dem Weg der tausend zärtlichen Gedanken. Sollte aber in der neu entstandenen Atmosphäre dein Partner dir mal eine Ermutigung sagen, dann vergiss nicht ein Dankeschön zu sagen.

Es gibt neben Signalen der Liebe natürlich auch Worte der Liebe. Aber damit sollst du vorläufig erst mal vorsichtig sein. Wenn ihr nicht gewohnt seid, einander zu ermutigen, wird es deinem Partner fremd, vielleicht sogar befremdend vorkommen, wenn du ihm die liebenswerten Gedanken so plötzlich mitteilst. An dieser Stelle kann ich dir sagen, dass sich das Wichtigste der Ermutigungskultur ohne Worte – halt in Zeichen der Liebe – abspielt. Sie lebt in deiner Haltung und du sendest sie aus durch Verhaltensweisen, die gut verstanden werden. Überleg noch mal. Es geht um deinen freundlichen Blick, um Geduld, um Zuhören, um eine freundliche Stimme, um Körpernähe, um Körperkontakt, um Zärtlichkeit in der Berührung, um Schweigen, wenn du kritisieren wolltest, um Lachen und um Humor.[1]

➢ **Vorschlag: „Signale der Liebe"**
Jetzt, wo deine Blickrichtung sich ändert, kannst du dich auch mal fragen: „Welche Signale erkenne ich, die sagen, dass mein Partner mich liebt?"
Einige verheiratete Personen sagten:
Ich erkenne, dass er mich liebt,
- *weil er mich im Vorbeigehen kurz berührt;*
- *weil er beim Geschlechtsverkehr behutsam mit mir umgeht;*
- *weil er sich für mich schön macht;*
- *weil er mich nicht vor den Kindern kritisiert;*
- *weil er sich für meine Arbeit interessiert;*
- *weil er nie meckert, wenn ich mir schon wieder ein neues Buch kaufe.*

Inzwischen ist es dir beim Lesen und Üben sicher klar geworden, dass jeder seine Partnerschaft erheblich verbessern kann, wenn er diese Mittel anwendet. Jeder von uns kann es. Du könntest dir als einen weiteren Schritt und einen anderen Zugang folgende Frage stellen:

➢ **Vorschlag: „Angenommen, ... sexuelle Beziehung"**
Stell dir die Frage: „Angenommen, ich würde die sexuelle Beziehung zu meinem Partner verbessern. Wie würde ich das machen?"
Die Frage, die mit: „Angenommen..." beginnt, ist interessant und hilfreich. Sie regt an, über Alternativen nachzudenken. Sie macht uns kreativ. Sie ist unverbindlich. So können wir unbeschwert über Möglichkeiten nachdenken, anstatt auf das Problem zu schauen. Bei manch einem kommt dann bald die Frage auf: „Warum soll ich das nicht mal probieren?" Meditiere mal darüber.

---

[1] Siehe auch: Schoenaker, Theo: „Mut tut gut" Kap. 4, Erstrebenswerte Qualitäten

Schreibe jetzt vier Antworten dazu auf und beantworte diese Frage eine Woche lang täglich mit zwei weiteren Antworten. Wenn die Antworten jeden Tag dieselben sind, ist das auch in Ordnung. – *Antworten könnten sein:*
Ich sage meinem Partner, was schön für mich ist.
Ich frage meinen Partner was schön für ihn wäre.
Ich ergreife die Initiative.
Ich stelle mich vorher positiv ein.

Du merkst, wieder arbeitest du an der Haltung, die die Grundlage für die Zeichen der Ermutigung ist. Du tust ja noch nicht wirklich etwas, du überlegst nur. Du schaust aber auch nicht mehr auf das Problem. Deine innere Ausrichtung ist auf Lösung zur Verbesserung gerichtet. Vielleicht ist es eine gute Hilfe, wenn du dich an gute sexuelle Momente mit diesem Partner erinnerst und dich fragst: „Was war mein Beitrag an diesen guten Momenten." Alles, was du damals getan hast, ist auch jetzt als Möglichkeit in dir vorhanden. So kommst du vielleicht aus der Routine heraus.

Es geht um Interesse, um Aufmerksamkeit, um ein bewusstes Leben. Wenn dich dieses Programm für eine Ermutigungs-Kultur reizt, dann wirst du mit deiner Neugierde und deinem wachsenden Selbstwertgefühl alle Bedenken, die in dir leben, überwinden können. Das Selbstwertgefühl und dein Mut wachsen durch die Erlebnisse der Erfolge.

Ermutigen durch Worte der Liebe

Ist eure Partnerschaft auf einem Tiefpunkt angekommen oder habt ihr euch nie mit Worten ermutigt, dann sollst du vorsichtig sein. Zu auffällige Ermutigungen könnten deinen Partner misstrauisch machen. Das ist auch der Fall, wenn dein Partner starke Minderwertigkeitsgefühle hat und sich selbst nicht mag. Dann kann er Ermutigungen nicht gut annehmen. Deshalb fang lieber vorsichtig an. Du könntest in der kommenden Zeit mal öfter „Danke" zu ihm sagen. Der Weg, den du gehst, ist auch ein Weg zur Stärkung deiner Eigenständigkeit. Du spürst, dass du etwas tun kannst, dass du die Qualität der Beziehung weitgehendst bestimmen kannst. Fang also jetzt an, mit Worten zu ermutigen. Sei vorsichtig und schraube deine Erwartungen zurück. Ermutige, weil du weißt, dass es richtig ist, aber mach dich nicht abhängig von positiven oder dankbaren Reaktionen deines Partners.

➤ **Vorschlag: „Ich freue mich"**
  Ein einfacher Zugang zur Ermutigung geht über die Freude. Sag deinem Partner: Ich freu mich, dass... ."
  Nach den Übungen der vergangenen Wochen und Tagen findest du leichter eine passende Bemerkung. Lass es eher so nebenbei passieren. In Zeiten, wo ihr euch näher seid, brauchst du dich ja nicht zurück zu halten mit Worten der Liebe. – **Beispiel:**
  Ich freue mich, dass du so viel Freude an der Aktivität hast.
  Ich freue mich, dass du morgen Zuhause bist.
  Ich freue mich, dass unsere Kinder gesund sind.
  Ich freue mich über das leckere Essen.
  Ich freue mich, dass wir heute Abend Zeit füreinander haben.

Wenn die Atmosphäre gut ist, verfehlt eine kleine schriftliche Ermutigung oder Liebeserklärung – z.B. als Zettel auf dem Kissen oder im Kühlschrank – nie seine Wirkung.
Liebe äußert sich in Taten. Oben sprachen wir von Taten, die du *in dir* vollziehst und die du dann mit Zeichen und Worten tatsächlich zum Ausdruck bringst.
Jetzt, wo du hier angekommen bist, selbstbewusst und aktiv warst und die Übungen über einen Zeitraum von einigen Wochen angewandt hast, wird die Qualität eurer Beziehung schon viel besser sein.

Du wirst selbst die Worte der Liebe, der Ermutigung finden.
Ich gebe dir trotzdem hier **einige Beispiele:**
- Ich genieße es, wenn du in meiner Nähe bist, wenn ich bügle.
- Ich habe mich gefreut, als du mich zu einem gemeinsamen Spaziergang eingeladen hast.
- Es war schön, als du mich vorhin so liebevoll angeschaut hast.
- Ich danke dir, dass du meine Hose in die Reinigung gebracht hast.
- Es hat mir gut getan, dass du mich gefragt hast, wie mein Tag heute gelaufen ist.
- Es gab mir ein gutes Gefühl, als du im Vorbeigehen deine Hand auf meine Schulter gelegt hast.
- Es tat mir gut, dass du gesagt hast, dass ich gut aussehe.
- Ich habe es sehr geschätzt, dass du deine Zeitung aus der Hand gelegt hast, als ich mich neben dich auf die Couch gesetzt habe.
- Es war schön, dass du von dir aus angeboten hast, mit mir zu schlafen.
- Es gibt mir Sicherheit, wenn du so wie gestern Abend anrufst, dass du ein bisschen später von der Arbeit nach Hause kommst.
- Ich verstehe, dass du vor einer schwierigen Aufgabe stehst, aber ich bin sicher, dass du es schaffst.

Ich hoffe, dass deine Anstrengungen, den Partner mehr zu ermutigen, auch bei euch zu mehr Zusammenarbeit, Nähe und gegenseitiger Unterstützung geführt haben.
Von Frank und Beatrix hörte ich folgende Geschichte:
Frank und Beatrix sind sich durch die Ermutigung und die Vertiefung ihrer Liebe nach einer Anzahl sehr „trockener" Jahre wieder viel näher gekommen. Sie sind schon 25 Jahre verheiratet. Beatrix fing an darüber nachzudenken, ob sie nicht noch Steuerberaterin werden sollte. Sie fühlte sich

nicht ausgelastet in ihrem Halbtagsjob als Buchhalterin. Sie war unsicher und ein bisschen ängstlich, da es schon so lange her war, dass sie die Schulbank gedrückt hatte. Ihr Ehemann Frank, ein Klempner meinte, dass sie auf der Grundlage ihrer Schulbildung und ihrem guten Umgang mit Menschen bestimmt eine gute Steuerberaterin werden könnte. Er ermutigte sie, einen Anfang zu machen und sagte, dass er an sie glaube. Er versicherte ihr auch, dass er zwar nicht sehr glücklich darüber sei, dass er neben seiner Arbeit jetzt mehr im Haushalt machen muss, er sei aber bereit, ihre Pläne und ihre Versuche zu unterstützen. Er sagte ihr auch, dass er schon lange gesehen hat, dass sie nicht mehr so glücklich war, nachdem die Kinder aus dem Hause gegangen waren und er möchte, dass sie glücklich sei.

Kannst du deinen Partner auch in seiner Entwicklung noch irgendwie unterstützen?

Abschlussgedanken zum Thema Ermutigung

Ermutigung und Entmutigung stehen für Liebe und Angst, für Zusammenarbeit und Trennung, für Glück und Leid.
Es ist selbstverständlich, dass der ermutigte, selbstbewusste Mensch zusammenarbeiten und lieben kann. Wenn nun dein Partner nicht mit dir zusammenarbeiten, nicht mit dir schlaffen, nicht mit dir sprechen oder immer Recht haben will, dann weißt du jetzt, dass er entmutigt ist. Es ist egal, ob er diese Entmutigung aus seiner Kindheit mitgebracht oder sie erst in der Zeit eurer Ehe entwickelt hat. Sicher ist: Er braucht deine Ermutigung. Deine Geduld und deine Liebe werden ihm helfen, sein Grundproblem zu lösen.
Mach das Thema wichtiger als bis heute.
Das wichtigste Element zum Beitrag des Friedens in der Partnerschaft und zur Stärkung der Liebe ist die Ermutigung.

Ermutigung findet statt, wenn die Stärken und das Liebenswerte wahrgenommen werden. Diese innere Ausrichtung auf das Positive führt zu bewussten oder nicht bewussten Signalen der Ermutigung. Nur ein Teil der Ermutigung kommt durch Worte zum Partner. Dein Verhalten vermittelt auch ohne Worte Vertrauen, Respekt und den Glauben an die Fähigkeiten und die Liebenswürdigkeit deines Partners. Das ist die größte Ermutigung.

- Sei positiv. Glaube daran, dass dein Partner erfolgreich sein wird. Nimm ihn an mit seinen Fehlern.
- Akzeptiere deinen Partner so wie er ist, mit allen Unvollkommenheiten. Mit „Frosch- und Prinz-Anteilen". Glaube daran, dass er gut ist und glaub an eure Liebe.
- Mach Fehler nicht so wichtig. Mach sie durch deine Worte kleiner und zeige, dass du Vertrauen hast.
- Schau nicht nur auf Ergebnisse. Lass die Versuche und Anstrengungen gelten, egal, ob am Ende Erfolg oder Versagen dabei heraus kam. Er hat sein Bestes getan. Das gilt!
- Erkenne, wie viele Ermutigungsmöglichkeiten du hast, durch einen freundlichen Blick, eine ruhige, geduldige Haltung, ein bisschen Humor und Körperkontakt.
- Setze den Partner nicht ins Unrecht. Ermutige ihn auch mit Worten, wo du nur kannst. Sprich gut von ihm, wenn du mit anderen über ihn sprichst.

Verteilt über ganz Deutschland und in einigen Nachbarländern gibt es Trainer/innen, die das „Encouraging-Training Schoenaker-Konzept®" anbieten. Viele Trainer haben auch ein spezielles Training für Partnerschaft. In diesem Training können Partner, die nicht warten wollen, bis der andere soweit ist, das lernen, was ich in diesem Buch beschreibe. Adressen von Trainer/innen bekommst du über das Büro des Adler-Dreikurs-Instituts. Genaue Anschrift siehe S. 95.

5

Der Frosch und der Prinz – eine Frage des Blickwinkels!

Am Anfang einer Beziehung sehen wir hauptsächlich den „Prinzen" und im Laufe der Zeit, durch die Brille unserer Fehlerorientiertheit, immer mehr den „Frosch". Die Entwicklung deiner Ermutigungshaltung hilft dir wieder mehr den „Prinzen/die Prinzessin" zu sehen. Jeder Mensch hat eine dunkle und eine helle Seite. Die Erfahrung lehrt, dass sich die Seite, worauf wir uns konzentrieren, weiter entwickelt oder anders gesagt, wer den Partner für gut hält macht ihn besser. Wer dessen Schwächen und Fehler in den Vordergrund stellt, macht ihn schlechter.

Es ist schön, wenn eine Frau sich dann und wann als Prinzessin oder als Königin in der Anwesenheit ihres Mannes fühlen kann oder umgekehrt er sich als König fühlen kann. Wenn wir uns davon all zu weit entfernen, geht auch leicht etwas von der Höflichkeit verloren. An dieser Höflichkeit zu arbeiten, ist auch ein Teil deiner Aufgabe. Jeder kann dem anderen mehr oder besondere Aufmerksamkeit schenken. In Kleinigkeiten liegt das Geheimnis. Du öffnest deinem Partner die Autotür. Oder du nimmst ihn mit zu einem Essen oder zu einem Theaterbesuch. Ein paar Blumen verfehlen selten ihr Ziel. Gute Manieren in Anwesenheit des Partners sind nicht nur eine Art von Höflichkeit und Respekt, sie wirken auch ermutigend. Wenn Menschen aufhören, Bitte oder Danke zu sagen und Abwertungen, Sarkasmus und Kritik an deren Stelle treten, dann ist von Höflichkeit und Respekt keine Rede mehr.

Den „Prinzen" oder die „Prinzessin" in deinem Partner zu sehen, bedeutet nicht, dass du den „Frosch" vergisst. Manche Menschen verlieren ihre Objektivität, wenn sie verneinen, dass es auch eine Schattenseite gibt. Den Nachdruck zu legen auf die Stärken des Partners, darin liegt viel Weisheit. Aber die Schwächen auszublenden, das ist Dummheit. Es ist, als ob du ins Leben schaust mit einer rosaroten Brille. Die Schwächen des Partners sind ein Teil von ihm. Verneinst du sie, dann werden sie zum Problem für den Einzelnen und für die Beziehung. Der richtige Blickwinkel: „Es gibt die negativen Seiten, aber ich habe mich entschieden, mehr auf die positiven Seiten zu achten." Dann erkennst du wie viel Gutes der Partner in dein Leben bringt. Dann kannst du auch leichter akzeptieren, dass du nicht alles haben kannst.

Wenn es Spannungen gibt, kann Bernd nicht sprechen, er ist blockiert (der „Frosch"). Monika ist anders. Sie will Störungen sofort klären und aussprechen und ist dann wütend mit Bernd. Sie redet und er schweigt. Es hilft, wenn sie lernt zu glauben: „Der tut nicht nur so, der ist auch so." Monika und Bernd machten große Fortschritte, als sie sich entschied, seine Art mit Spannungen umzugehen, zu akzeptieren. Sie denkt nun in solchen Situationen daran, dass er, wenn er wieder ruhiger ist, sehr offen über alles sprechen kann (der „Prinz").

Roswitha leidet darunter, dass ihr Mann Paul so selten mit ihr schläft (der „Frosch"). Er schläft nur mit ihr, wenn sie die Initiative ergreift. Sie fühlt sich nicht geliebt und nicht gut genug für ihn. In den Beratungen lernen sie besser mit-

einander zu sprechen, sich zu ermutigen und ihre Partner-schaft bewusster zu leben. Trotzdem veränderte sich Pauls Sexualverhalten nur wenig. Roswitha beschloss, ihn mit all den guten Eigenschaften (der „Prinz"), die sie jetzt besser sehen kann, zu akzeptieren wie er ist. Sie bekommt viel von ihm. Nicht genau so und genau das, wie sie es sich als Ideal vorstellt, aber sie fühlt sich nicht mehr ungeliebt.

Horst ärgerte sich jeden Tag über Heike. Sie kocht nicht gerne (der „Frosch"). Wenn sie eine Mahlzeit vorbereitet, legt sie wenig Liebe rein. So schmeckt es dann auch. Horst hat sich seit einiger Zeit mehr mit der „Prinzessin" in Heike beschäftigt. Er liebt sie. Er hat den Druck aus der Beziehung herausgenommen, indem er akzeptiert, dass sie ist wie sie ist. Er lebt mit weniger Ärger und sie fühlt sich freier, weil sie so sein kann wie sie ist. Das Essen wird nicht besser, aber ihre Liebe wächst.

Wir haben, wenn wir an den „Frosch" im Partner denken, oft die Neigung ihn zu ändern. Eigentlich wollen wir den „Frosch" nicht. Könnte ein gut platzierter Kuss nicht der Trick sein? Nein! So zauberhaft wie im Märchen ist es auch wieder nicht. Manche Menschen wissen, dass sie einen „Frosch" heiraten und hoffen, dass sie ihn in einen „Prinzen" verwandeln können. Wie z.B. die Frau, die einen Raucher heiratet und glaubt, dass sie ihm dieses Verhalten abgewöhnen kann. Oder der Mann, der glaubt, dass er seiner depressiven Verlobten über die Depression hinweghelfen kann.
Partnerschaft und Ehe sind keine Lösung für die Probleme der Menschen. Andere heiraten einen „Prinzen" oder eine „Prinzessin" mit ganz wenigen „Froschanteilen". Wenn der „Frosch" aber plötzlich aufspringt, bemühen sie sich intensiv dieses „Froschteil" wegzuschaffen, indem sie es bekämpfen. Sie wollen den Partner ändern.
Der Wunsch, den Partner zu ändern, ist problematisch. Man kann den Partner bitten, sein Verhalten zu ändern. Wenn das

Verhalten sich dann nicht ändert, nimmt die Frustration zu. Es kann sein, dass der „Frosch" entweder lieber „Frosch" bleiben will oder gar nicht weiß, wie er mit dem „Quaken" aufhören soll.

Leben mit dem Frosch

Nur wenn du selbst die Entscheidung triffst, dein Verhalten zu ändern, kannst du davon Gutes erwarten. Sonst kannst du nicht viel tun. Ja, du kannst deine Hilfe anbieten, nicht deine Kritik. Wenn sich das Verhalten nicht ändert, dann musst du wieder dich selbst fragen: Was will ich jetzt machen? Wenn dein Partner seine Sachen nicht aufräumt, und das für dich ein Problem ist, kannst du ihn fragen, ob er das ändern will. Du kannst ihm auch anbieten ihm zu helfen, dass er die Ordnung herstellen kann. Vielleicht schlägt er vor „gib mir doch vor dem Abendessen mal 15 Minuten Zeit. Ich kann dann in Ruhe meine Sachen aufräumen." Wenn sich aber trotzdem nichts ändert, dann musst du wieder für dich Verantwortung übernehmen und die Frage beantworten: Was will ich machen?

Du kannst was ändern. Wenn du die Frau bist, könntest du deine Erwartungen und Ansichten über Ordnung ändern. Du könntest aufhören, seine Mutter zu spielen, aufhören, hinter ihm herzulaufen und seine Sachen aufzuräumen. Du könntest vielleicht auch jemand als Hilfe engagieren um seine Sachen aufzuräumen. Du könntest die Sachen, die rumliegen, nehmen und in irgendeinen Kasten, Koffer oder Kiste packen, so dass du sie nicht mehr siehst. Du müsstest ihm aber vorher sagen, dass du das als neue Lösung durchführen wirst. Bleib sachlich dabei, nach dem Grundsatz: „Ich liebe dich, aber ich kann die Unordnung nicht akzeptieren, deswegen werde ich... . Du wirst erleben – wenn du das ohne meckern völlig sachlich machst und ihm gegenüber positiv bleibst – wie schnell er lernt. Dies sind Möglichkeiten, für dich selbst zu sorgen. So kostet alles viel weniger Energie und es ist auf jeden Fall effektiver als zu versuchen, den „Frosch" zu ändern. Vielleicht lässt es sich dann doch ganz gut mit diesem „Froschteil" leben.

Bärbel fühlt sich von Erik wie ein Dienstmädchen behandelt. Wir sprachen über die Möglichkeiten, die sie hat, wenn der „Frosch" sein Verhalten nicht ändert. Sie sagte ihm: „Erik, ich will mich nicht wie dein Dienstmädchen fühlen. Ich habe gewartet und gehofft, dass du dich änderst. Ich weiß aber jetzt, dass ich selbst verantwortlich bin für mein Gefühl von Ärger. Im Grunde ärgere ich mich über mein eigenes Verhalten. Ich ärgere mich, dass ich immer wieder deine Sachen aufräume, deine Wäsche wasche, für dich koche und putze und dich verwöhne. Ich verursache mein eigenes Problem. Von jetzt an werde ich deine Sachen nicht mehr aufräumen und nicht mehr deine Wäsche waschen. Donnerstag und Freitag Abend werde ich etwas beim Chinesen um die Ecke holen. Diese Abende sind für mich zu ungünstig zum Kochen. Ich habe früher schon darüber nachgedacht etwas Ähnliches zu tun, wenn ich verärgert war. Ich wollte mich damit rächen. Jetzt ist es aber anders, sachlicher. Diesmal tue ich es für mich mit einem ruhigen Gewissen. Ich versuche nicht, dich zu ändern."

In obigen Fällen wird klar, dass der Betreffende die Verantwortung für sein eigenes Verhalten und seine eigenen Gefühle übernimmt. Er stoppt seine Versuche, den anderen zu ändern.

6

Sprechen ist die beste Medizin!

Sprechen im Sinne der Kommunikation ist eine Tätigkeit für zwei oder mehr Personen. In der Partnerschaft bist du eine von diesen beiden. Deswegen hast du Einfluss auf die Qualität der Kommunikation. Sowohl durch deine Art zu sprechen als auch durch deine Art zuzuhören.

Neun von zehn Paaren kommen zur Partnerschaftsberatung mit dem Problem: „Wir können nicht miteinander sprechen." Das heißt nun nicht, dass sie nicht miteinander sprechen, es heißt, dass die Art wie sie miteinander sprechen und zuhören zu keinem guten Ergebnis führt. Viele Paare reden nicht zu wenig, sondern zu viel und zu respektlos. Bei anderen stirbt die Liebe durch Schweigen. Zuviel reden hat schon viele Ehen kaputt gemacht, zu viel Schweigen auch. Viele Probleme entstehen durch unterschiedliche Erwartungen und Wünsche, die wir voneinander nicht wirklich kennen oder nicht wirklich verstehen. Der einzig erfolgreiche Weg ist, darüber zu sprechen. Da scheint aber unsere Schwachstelle zu sein. Wir können gut sagen, was der Partner tun soll und wie er es tun soll, aber über unsere eigenen Gefühle und Einstellungen zu sprechen, fällt uns schwer. Das haben wir nicht gelernt und wir haben Angst davor, weil wir dadurch verletzbar werden. Dennoch gilt der Rat: „Sprecht miteinander in solcher Offenheit und Ehrlichkeit mit Vertrauen und Respekt, dass von dem Missverständnis oder dem Konflikt keine Erinnerung mehr zurück bleibt." Ehrlichkeit und Respekt gehören zusammen. Ehrlichkeit ohne Respekt führt immer zu Verletzungen. Die beste Art, Ehrlichkeit und Respekt zu kombinieren, ist das Sprechen über Stärken und Fortschritte in der Partnerschaft oder im Verhalten des Partners. Wenn du dich auf Anerkennung und Wertschätzung konzentrierst, dann kommt eine Botschaft rüber, die mehr Einfluss auf die Verbesserung von Fehlern hat, als die Botschaft, die wir fälschlicherweise konstruktive Kritik nennen. Kritik ist immer eine wertende Aussage von oben nach unten. Das Wort konstruktiv bezieht sich auf die Absicht des Kritikgebers, aber nicht auf die Gefühle des Empfängers. Meinst du, deinen Partner auf einen Fehler aufmerksam machen zu müssen, dann strebe eine Form an, wobei du ihn nicht verletzt. Ruhe, Nähe, Humor und „nicht so wichtig machen" sind gute Zutaten.

Sprechen und Zuhören

Interesse, Aufmerksamkeit und Geduld drücken sich am besten durch Zuhören aus. Durch gutes Zuhören sendest du verschiedene Signale aus, wie: „Es ist mir wichtig, was du sagst." „Ich bin bereit, mich so lange zurückzuhalten bis ich dich verstanden habe." "Du bist mir wichtig." Gutes Zuhören kann auch Schmerzen heilen und Verwirrungen lösen. Nach einem guten Gespräch, bei dem jeder bereit war zu sprechen und zuzuhören, fühlen sich Menschen im allgemeinen viel friedlicher. Oft führt nur das Zuhören schon dazu, dass der andere sich verstanden fühlt. Insbesondere dann, wenn man das Gehörte noch zurückspiegelt.

Sowohl deinen Anteil am Sprechen als auch deinen Anteil am Zuhören kannst du höchstwahrscheinlich verbessern. In diesem Bereich gibt es Interessantes zu lernen.

> **Vorschlag: „Angenommen, ... Kommunikation"**
Nimm dir doch mal ein paar Minuten Zeit, um einige Antworten auf folgende Frage zu finden: „Angenommen, ich würde mich für die Verbesserung der Kommunikation einsetzen, was würde ich dann beim Sprechen und Zuhören anders machen?" Finde ganz spontan etwa 5 bis 7 Antworten. Fantasiere einfach drauf los und schreibe auch mal etwas auf, was du nie ausführen würdest. Interessant wird es, wenn du diese Frage in der nächsten Woche täglich beantwortest. Du wirst sehen, dass sich einige Antworten wiederholen. Das sind möglicherweise die wichtigsten Themen. – **Mögliche Antworten** könnten lauten:
Dann würde ich:
- ruhiger bleiben im Gespräch mit dir;
- dich ermutigend anschauen;
- mehr Vertrauen haben, dass das Gespräch gut ausgeht;
- nicht so schnell weinen, sondern mich selbstbewusst und erwachsen zeigen;
- ruhig meine Meinung sagen;
- dir etwas Ermutigendes sagen;
- geduldiger zuhören und dich ausreden lassen;
- sagen: „Ich liebe dich".
Solche Ideen führen wahrscheinlich zu einer Verbesserung der Kommunikation. Die Antworten sollen positiv sein. Wenn eine Antwort aber eine Verneinung in sich trägt, soll sie mit „sondern" fortgeführt werden.
Ich würde *nicht* weglaufen, *sondern* stehen bleiben.
Ich würde *nicht* so schnell weinen, *sondern* mich selbstbewusst und erwachsen zeigen.

Antworten wie: Dann würde ich:
- mir seine Beschuldigungen nicht gefallen lassen;
- mit der Faust auf den Tisch hauen;

- ihm endlich mal sagen, was ich von ihm halte;
- einfach zurück schimpfen

sind kein Beitrag zu einer vertrauens- und respektvollen ehrlichen Kommunikation. Und sie bedeuten keinen wirklichen Fortschritt, weil sie den Machtkampf aufrecht erhalten.

Gute Kommunikation hat mindestens drei Wege!

Einen Beitrag zur Verbesserung der Kommunikation lieferst du, wenn du von dir aus dafür sorgst, dass dein Partner immer weiß, dass seine Aussage dich erreicht hat und dass er verstanden wurde.

➢ **Vorschlag: „Drei-Weg-Kommunikation"**
Angenommen, du sagst: „Ich gehe noch mal in die Stadt, kann ich was für dich mitbringen? Er: „Bring mir doch mal eine Schachtel Zigaretten mit." Hiernach ist es still und du schließt die Tür hinter dir, steigst in den Wagen und fährst weg. Er ist unsicher, ob du ihn verstanden hast. In der bewussten Drei-Weg-Kommunikation wäre dein Beitrag: „Ja, das mache ich gerne. Tschüss." Das ist eine komplette Kommunikation, die du in allen Bereichen anwenden kannst. Sie ist Ausdruck deines Interesses für den Partner. Sie zeigt Höflichkeit, Respekt und sagt, dass du zugehört hast.
Experimentiere mal damit. Es wird dir wieder mehr Gefühl der Eigenständigkeit geben. Du kannst was tun. Du trägst zur Qualitätsverbesserung der Partnerschaft bei. Drei-Weg-Kommunikation heißt, dass es mindestens drei Aussagen gibt z.b. erst du, dann der andere, dann du.

Beispiel:
Du: „Bei uns war wieder viel los in der Firma."
Der andere: „Hier auch, insbesondere unser Jüngster war aufreibend."
Du: „Wenn du mehr darüber erzählen willst, hör ich dir gerne zu."
Kurz: Lass den Partner nicht im Unsicheren. Schließe die Kommunikation bewusst ab oder führe sie weiter. Manchmal reicht auch ein freundliches Lächeln.
Ärgere dich nicht, wenn dein Partner es nicht so macht. Du übst schließlich, nicht er.

Aufmerksames Zuhören üben

Du kennst das bestimmt zur Genüge, dass du glaubst, in einen luftleeren Raum hineinzusprechen. Insbesondere Frauen beschweren sich oft darüber, dass ihre Männer nicht zuhören und reden dann immer mehr, in der Hoffnung, doch noch gehört zu werden. Ihm wird es zuviel und er schaltet ab, in der Hoffnung, dass es bald vorbei ist.
Zuhören setzt voraus, dass du selbst den Mund hältst. Im Cockpit eines Flugzeuges und an Bord eines Schiffes werden wichtige Mitteilungen wiederholt, um klar zu stellen, dass die Botschaft richtig verstanden wurde. Backbord Süd, Süd-West, sagt der diensthabende Offizier, der Steuermann ruft zurück: „Backbord Süd, Süd-West, ay, ay, Sir."
Missverständnisse in der Partnerschaft haben zwar nicht so verheerende Folgen wie auf dem Schiff oder im Flugzeug, aber sie können vieles, was uns lieb ist, zerstören. Deshalb lernen wir von diesen Fachleuten.

➢ **Vorschlag: „Zuhören und spiegeln"**
Wenn dein Partner etwas erzählt, dann hörst du so gut wie möglich zu. Wenn du merkst, dass du nicht mehr sicher bist, ob du alles richtig verstanden hast, was dein Partner erzählt hat, sagst du: „Warte einen Augenblick,

ich möchte sicher gehen, dass ich das richtig verstanden habe. Ich habe gehört, dass du sagtest, ... Hab ich das richtig verstanden?" In den meisten Fällen ist das für den Partner ein Zeichen, dass du seine Mitteilung ernst nimmst. Manche fühlen sich schon verstanden, wenn sie merken, dass ihnen zugehört wurde. Du kannst ja mal auf deine üblichen Kommentare verzichten.

Sprechen statt streiten

Für viele Menschen ist Sprechen in der Partnerschaft gekoppelt mit Streiten. Sie können sich kaum vorstellen, wichtige Themen ohne Streiten, laute Stimme, sich durchsetzen und Rechthaben wollen zu besprechen. Viele haben es in der eigenen Ursprungsfamilie nicht anders gelernt. Andere werden von ihrem Partner dahingedrängt, insbesondere, weil sie das Gefühl haben, sonst ihren eigenen Standpunkt nicht wirklich klar machen zu können, oder nicht verstanden zu werden. Wieder andere fühlen sich übergangen oder nicht ernst genommen und kommen wieder in der Kindheit an.
Wir haben keine Tradition in guter Kommunikation in der Partnerschaft. Das Thema „Kommunikation in der Ehe" taucht in der Literatur erst nach dem zweiten Weltkrieg auf. Der Schwede G. Karlson (1951) ist der Pionier auf diesem Gebiet. Das Streben nach Gleichwertigkeit und Gleichberechtigung setzte nach 1945 ein. Es war erst Anfang der 70er Jahre als die Veröffentlichungen der Fachleute endlich in breiteren Kreisen Beachtung fanden und Einfluss auf Ehe und Partnerschaft gewannen. (Mace, D.R. 1982). Die Frauen haben seitdem gelernt sich zu melden, sich zu behaupten, oder sich ungerecht behandelt zu fühlen, wenn sie sich nicht als vollwertige Gesprächspartnerin beachtet fühlten.

Wir befinden uns also auf einem völlig neuen Gebiet ohne Tradition. Klar ist seitdem, dass Streiten und Kämpfen auf Dauer zu keinen guten Ergebnissen führen. Wir brauchen keine Streitkultur. Besser ist es, wenn du, sobald du merkst, dass ein Streit aufkommt, dich raus ziehst, indem du sagst: „Ich bin wütend (oder verärgert). Ich will mit dir sprechen, aber ich will nicht mit dir streiten. Lass uns das Thema bitte später aufgreifen." Oder sage: „Ich will jetzt über das Thema nicht sprechen. Es führt nur zum Streit. Es ist der falsche Augenblick." Bleib fest und wende dich ab! In Maßen angewandt, kann es eine gegebene Situation entschärfen.

Nachgeben ist manchmal, aber nicht immer ein guter Weg. Zu schnelles Nachgeben macht zwar einen schnellen Frieden, aber verlängert den Kampf. Es erfordert von dir viel Weisheit und eine erwachsene Haltung um den Frieden wichtiger zu machen als deine negativen Emotionen. Vertage die Besprechung eines Konfliktes auf einen günstigen Augenblick. Halte es dir als gute Regel vor Augen, dass es nicht nötig und nicht gut ist, Konflikte in dem Moment, wo sie entstehen auch sofort lösen zu wollen. Informiere deinen Partner, dass du dir das als neuen Weg zu eigen machen willst, im Dienste des Friedens.

> **Vorschlag: „Lösungsmöglichkeiten"**
Es hilft oft schon, das Thema worüber ihr (fast) in Streit geraten ward, aufzuschreiben, über Lösungsmöglichkeiten nachzudenken und darüber Notizen zu machen. Das Gespräch, das ihr irgendwann haben werdet, hat mehr Chancen auf einen guten Ablauf, wenn du deinen Partner in Ruhe an diese Meinungsverschiedenheit erinnern kannst und Lösungsvorschläge bringst, etwa so: „Weißt du noch, dass wir uns neulich beinahe in den Haaren hatten, als wir auf das Thema ‚gemeinsamer Einkauf' kamen. Ich habe noch mal darüber nachgedacht. Was

hältst du denn davon, wenn wir das Problem folgendermaßen lösen würden... ."

Im Konflikt geht es selten um das Thema worüber wir sprechen. Es geht meistens um gewinnen und verlieren.

Ein Ehepaar sitzt in einem Restaurant. Sie haben friedlich miteinander gegessen und sich unterhalten. Nachdem er die Rechnung bezahlt hat, entsteht ein Streit um die zwei Euro Trinkgeld, die er der Kellnerin gegeben hatte. Sie meint, ein Euro wäre auch genug gewesen. Sie haben sich beide sehr aufgeregt, er über ihre Knauserigkeit und sie über seinen verschwenderischen Umgang mit Geld. Sie landen schließlich bei Vorwürfen an die Adresse der Schwiegereltern und bei dem schlechten Einfluss auf die Kinder.

Das Thema hätte auch etwas völlig anderes sein können, denn im Grunde ging es um Kontrolle und Rechthaben wollen. Das kennen die beiden zur Genüge in ihrer Ehe. Sie will kontrollieren, was er mit seinem Geld macht und er will sich durchsetzen, weil er meint, dass seine Meinung die richtige ist. Das Thema hätte auch Sex, Urlaubsplanung oder die neue Tapete im Wohnzimmer sein können. Das Thema ist unerheblich.

Glaubst du, dass du ein bisschen darauf achten kannst, was bei dir abläuft, wenn es zwischen euch zu Konflikten kommt? Wenn du die Liebe wichtiger machst und dir als Leitgedanken „mach's nicht so wichtig" zu eigen machst, bist du schon auf einem guten Weg.

Die beiden im Restaurant machten vor der Trinkgeldszene den Eindruck, als würden sie sich lieben. In und nach dem Streit war davon nichts mehr zu erkennen. Wenn einer von beiden sich vergegenwärtigt hätte, „ich will das nicht so wichtig machen, ich will dich wieder lieben wie vorhin; unsere Beziehung hat eine gute Grundlage, und das ist mir wichtiger als jetzt recht zu haben", dann wäre das ganze völlig anders verlaufen. Hier liegt deine gestaltende Kraft und deine Chance. Mach's nicht so wichtig.

Mach's nicht so wichtig!

Auf den vorigen Seiten habe ich schon ein paar mal den Ausdruck "mach's nicht so wichtig" verwendet. Zum besseren Verständnis **einige Beispiele:**

Sie geht gerne zu Vorträgen über Psychologie und Kindererziehung. Er nicht. Sie meckert und setzt ihn unter Druck. Sie meint: „Nie will er etwas mit mir zusammen machen". Sie frühstücken aber zusammen, reden über den Inhalt der Nachrichten, sie schlafen zusammen, gehen zusammen in Urlaub. So schlimm ist es also nicht mit „nie will er etwas mit mir zusammen machen." Sie musste erst hinschauen um zu sehen, wie viel sie zusammen machen um dann mit Meckern aufzuhören. Sie sagte sich: „Man kann ja auch nicht alles haben." Wenn der Ärger bezüglich der Vorträge wieder hochkommt sagt sie sich: „Mach's nicht so wichtig. Lass ihn". Sie geht allein wie vorher auch, aber die Beziehung ist entspannter.

Sie vergisst oft das Licht in ihrem großen Haus auszumachen. Er kontrolliert vor dem Schlafengehen, ob die Türen zu sind, die Heizkörper richtig eingestellt und die Lichter aus sind. Er schimpft fast jeden Abend mit ihr. Beide leiden. Sie hat oft gute Vorsätze und macht dann einige Tage lang das Licht aus, wenn sie einen Raum verlässt. Danach vergisst sie es wieder. Ihr Partner entscheidet sich nach einem Gespräch mit dem psychologischen Berater „es nicht so wichtig zu machen" und sagt sich: „Ich könnte auch nicht ohne sie leben. Ich betrachte also lieber die brennenden Lampen als Zeichen ihrer Anwesenheit."

Sie hat gelernt auf das Gute zu achten. Er nicht. Das ärgert sie. Wenn er von der Arbeit nach Hause kommt, muss er erst „ventilieren" wie er es nennt. Er redet sich dann allen Ärger und Störungen von der Seele. Dabei kommt fast jeder seiner Kollegen an die Reihe. Sie versucht gegenzusteuern, weil sie den negativen „Mist" nicht hören will. Er solle doch auch mal was Gutes von den Kollegen erzählen. Sie kenne den Fränki und die anderen Mitarbeiter doch ganz anders. Er fühlt sich nicht verstanden, wird bockig und will mit ihrem psychologischen Kram nichts zu tun haben.

Sie war mit der Ehe zufrieden, bis sie anfing, auf das Gute zu achten, wodurch ihr erst das Negative bei ihrem Mann auffiel. Jetzt hat sie angefangen, es nicht so wichtig zu machen. Sie weiß: „So ist er". Jetzt hört sie ihm zu bis er „durchventiliert" hat. Danach ist er wieder verträglich, sagt sie. Sie will ihn nicht mehr ändern, obwohl sie hofft, dass ihr Vorbild einen guten Einfluss auf ihn haben wird. Warten wir es ab.

„Mach´s nicht so wichtig", soll kein Ausdruck der Gleichgültigkeit sein und es soll auch keine Abwertung bedeuten wie: „Ich mach´s nicht so wichtig. Der ist halt blöd". „Mach´s nicht so wichtig" ist ein entschiedener Beitrag, den Frieden wichtiger zu machen.

Man kann immer etwas finden, wo man sich reinsteigern kann. Wir können Aufregungen, Ärger, Verletzungen usw. verringern, indem wir „es" nicht so wichtig machen. Die großen Emotionen sind für den Frieden nicht sehr hilfreich.

➤ **Vorschlag: „Mach's nicht so wichtig"**
In welchem Bereich könntest du „es" weniger wichtig machen? Schreibe 3 Themen auf, wovon du glaubst, dass eure Partnerschaft profitieren würde, wenn du „es" nicht so wichtig machst.

Der Frosch und die Federn

Etwas, was noch hilfreich sein kann, ist Folgendes. Dein Partner ist wie er ist. Du kannst ihn nicht ändern. Du kannst aber Bedingungen schaffen, in denen er sich besser entwickeln kann und so sein kann, wie er wirklich ist. Je mehr Erwartungen du an deinen Partner hast, desto schwieriger ist es für ihn, etwas zu verändern, weil er den Erwartungsdruck spürt. Geh lieber davon aus: „Der ist so." Die Holländer sagen in einem bekannten Sprichwort: „Man kann von einem Frosch keine Federn pflücken." Wenn dein Partner eher zurückhaltend ist, nicht gerne über seine Gefühle und seine Probleme spricht, wenn sein wichtigstes Streben das nach Sicherheit, kontrollierbaren Verhältnissen und Stabilität ist, dann ist er halt so. Und auch wenn du dich mit deinen Erwartungen auf den Kopf stellst, du wirst von diesem Frosch keine Federn pflücken können. Du kannst von ihm kein Verhalten erwarten, das nicht zu ihm passt. Je mehr du drängst und Erwartungsdruck in den Raum stellst, desto dicker wird seine Mauer und am Ende seid ihr beide unglücklich; du offensichtlich, und er unter der Fassade der Unverletzbarkeit, aber auf jeden Fall der Unerreichbarkeit.

➢ **Vorschlag:**
„Gesprächsinventur und Annäherungsbrief"
Schreibe in dein Wachstumsbuch:
  a. 3 bis 5 Themen, über die du gut mit deinem Partner sprechen kannst.
  b. 3 bis 5 Themen, über die du nicht gut mit deinem Partner sprechen kannst.

Mit „nicht gut sprechen" meine ich, dass nach dem Gespräch kein gutes Gefühl übrig bleibt bzw. dass dann meistens Streit entsteht.

Nach dem du herausgesucht hast, über welche Themen du mit deinem Partner nicht gut sprechen kannst, d.h.

solche, wobei nach dem Gespräch kein gutes Gefühl übrig bleibt, bereitest du ein Gespräch über ein solches Thema vor und zwar schriftlich. Wähle ein einfaches Problem und kein „heißes Eisen"!

1. Schreibe dein Gespräch wie einen Brief der Sympathie.
2. Konzentriere dich dabei hauptsächlich auf deine Gefühle und beschreibe diese ausführlich.
3. Nenne deinen Partner mit Namen oder Kosenamen und spreche ihn direkt an.
4. Sei ehrlich, aber mache es attraktiv zu lesen.

Diesen Brief *gibst du nicht ab*. Ob du das Gespräch je führen wirst, ist egal. Vielleicht siehst du das Problem nach dem Brief auch ganz anders. Auf jeden Fall wirst du dich gut fühlen und wissen: „Ich bin nicht Opfer, sondern Gestalter der Situation."

Hier ist ein **Beispiel**, das dir Richtung geben kann:

Lieber Eberhard,

ich liebe dich! Ich glaube, du weißt das auch. Aber vielleicht sage ich es dir zu wenig. Ich habe viele gute Gedanken über dich in mir. Wenn du mein Wachstumsbuch sehen könntest, würdest du wohl staunen, was ich alles gut an dir finde und wie stolz ich auf dich bin.

Manchmal fühle ich mich so einsam und auch unfähig, wenn du so viel arbeitest und ich sehe, was du alles kannst. Du sorgst gut für uns und bringst genug – vielleicht mehr als genug – Geld ins Haus. Ich freue mich auch, dass dich deine Arbeit so ausfüllt, aber ich fühle mich oft so allein. Ich kann mich schon beschäftigen, aber alles, was ich tue, macht mehr Sinn, wenn ich deine Liebe spüre. Ich verlange gar nicht so viel von dir. Ich würde so gerne mit dir darüber sprechen, wie wir öfter etwas gemeinsam machen können. Deine Nähe tut mir gut, ich höre gerne deine Stimme, aber ich hätte in den wenigen Stunden, die wir zusammen sind, gerne auch mal eine Anerkennung für was ich alles im Haus organisiere und dir den Rücken frei halte. Manchmal bin ich wütend und frage mich, was eigentlich der Inhalt unserer Ehe ist.

Lieber Eberhard, wir haben alles, was wir brauchen, nur ich vermisse dich so sehr! Wir haben vor unserer Ehe gemeinsam gewandert, Langlauf gemacht und Tennis gespielt. Wir haben Konzerte und Theater besucht, das geht mir zur Zeit alles sehr ab. „Liebe Kornblume" habe ich oft zu dir gesagt, weil du so schöne blaue Augen hast; jetzt kommt es mir schon fremd vor, das Wort nur zu denken. Glaub mir, ich tu so mein Bestes um das Leben in unserer Beziehung zu erhalten, aber manchmal habe ich Angst, dass die Liebe in mir stirbt. Ich bin eine starke Frau und ich falle nicht so leicht um, aber so ist das Leben für mich sehr leer.

Ich glaube, dass es dir was bedeutet, zu wissen wie es mir geht. Bis jetzt habe ich dir eher meine Unzufriedenheit als meine Liebe gezeigt. Ich will es anders machen. Deshalb übe ich mit diesem Brief, den du vielleicht nie lesen wirst.

Ich liebe dich! (In diesem Brief habe ich's ein paar Mal gesagt und in den letzten Monaten nicht ein Mal).

Deine liebende Ulla

7

Gefühle der Liebe
brauchen Gedanken der Liebe

Wenn der Partner das Lieblingsgericht gekocht hat, wenn die
sexuelle Beziehung befriedigend war, wenn der andere sich
so verhält wie wir es gerne haben, dann kommt es uns leichter über die Lippen: „Ich liebe dich" oder „Ich mag dich" und
wir fühlen es auch so! Wenn der Partner sich nicht für uns
und unsere Interessen interessiert, wenn er uns kritisiert, uns
nicht ernst nimmt, dann fällt es uns schwer zu sagen: „Ich
liebe dich" und wir fühlen es auch nicht! Wenn Liebe ein
Gefühl ist, dann ist es das Gefühl, das wir empfinden, wenn
unsere wichtigsten Bedürfnisse erfüllt sind. Kennst du einige
der ganz wichtigen Bedürfnisse von dir selbst? Wie könnten
sie heißen? Vielleicht: „Ich will ernst genommen werden".
„Man muss mit mir sprechen." „Ich brauche Freiheit." „Ich
brauche Freunde." „Ich will wichtig sein." Usw. Es gibt einen interessanten Weg, mehr Einblick darin zu bekommen.

➢ **Vorschlag: „Die schöne Kindheit"**
Schau mal zurück in deine Kindheit. Die schönen Erinnerungen geben Aufschluss. Die gute Art, wie man damals
mit dir umging, lebt als Wunsch oder Bedürfnis in dir
fort. Es ist, als würden die guten Erinnerungen sagen:
„So will ich es haben; so ist meine Welt in Ordnung."

Frage: „Was war schön für dich in deiner Kindheit und **warum** war das so schön, dass du jetzt noch daran zurückdenkst?" Schreibe in der Gegenwartsform ein oder zwei solche Erinnerungen in dein Wachstumsbuch und beantworte dann die Frage nach dem Warum ausführlich. **Z.B.** so: *„Ich sitze bei meinem Vater auf den Schultern als wir am Straßenrand auf den Festzug warten."* Warum das schön ist? *„Weil ich wichtig bin. Ich bin ja größer als alle anderen. Schön ist es auch, weil ich den schönen grünen Mantel der Frau vor mir genau sehen kann."* Vielleicht erkennst du in der Antwort auf das Warum etwas, was dir auch heute noch sehr wichtig ist. *Z.B. „Ich fühle mich gut, wenn jemand mich groß/wichtig macht. Schöne Kleider sind mir wichtig; die Farbe grün auch."*
Noch ein Beispiel von mir:
„Ich bin 5 Jahre alt. Meine Mutter backt Pfannkuchen für mich. Das Radio spielt eine Mozart-Musik. Ich bin mit ihr allein." Warum ist das schön? *„Weil ich mich sicher, wichtig und zugehörig fühle. Sie ist allein für mich da. Die Musik macht mich glücklich."*
Ja, so hab ich es auch jetzt noch gerne. Mit der vertrauten Person allein zusammen sein. Musik im Hintergrund. Etwas zu essen. Wie leicht kann ich dann sagen: Ich liebe dich!

Gefühle sind immer das Ergebnis von bewussten oder nicht bewussten Gedanken. Glückliche Gefühle entstehen durch glückliche Gedanken. Wenn du dich unglücklich fühlst, hast du vorher wohl unglücklich machende Gedanken gedacht. Bewusste oder nicht bewusste. Du kannst nicht erröten, wenn du nicht vorher gedacht oder geahnt hast, dass diese Begegnung oder dieses Thema peinlich ist. Du kannst keinen höheren Puls in Verbindung mit Angst entwickeln, bevor du nicht gedacht oder geglaubt hast, dass es eine Gefahr gibt. Gefühle sind also nichts Geheimnisvolles. Sie fangen in deinem Kopf an und deshalb bist du Gefühlen nicht hilflos ausgeliefert. Du hast ja selbst gemerkt wie durch das Lesen der vorigen Kapitel oder durch die Anwendung der Übungen, sich deine

Gefühle zu deinem Partner geändert haben. Gefühle der Zuneigung, Gefühle der Hoffnung, Gefühle der Liebe entstehen, wenn wir uns mit Gedanken der Zuneigung, der Hoffnung und der Liebe beschäftigen. Die Gedanken sind frei und stehen unter unserer eigenen Kontrolle. Über den Weg des Denkens können wir auch unsere Gefühle beeinflussen bzw. steuern. Vielleicht willst du das nicht immer, aber du könntest, wenn du wolltest. Du sagst vielleicht, „ich war wütend und hab ihn angeschrieen, aber ich konnte nicht anders". Doch du weißt, – nur unter uns gesagt – dass du konntest, aber es ging um Macht, um Überlegenheit, um Recht haben wollen, um dich nicht unterkriegen lassen wollen, um mehr Aufmerksamkeit, um Rache oder etwas ähnliches. Wir sind nicht so hilflos wie wir uns gerne darstellen. Wir sind nicht Opfer, sondern immer bewusst oder nicht bewusst Gestalter der eigenen Situation. Die Gefühle sind der Motor für unser Handeln und sie sind immer auf Ziele ausgerichtet, z.B. auf das Ziel der Überlegenheit. Deshalb sind auch folgende Fragen berechtigt: Welche Vorteile bringt mir dieses Gefühl? Bekomme ich durch Angst mehr Aufmerksamkeit, durch Wut mehr Überlegenheit? Kann ich mich besser fühlen als der Partner, wenn ich edel leide? Fühle ich mich berechtigt, meinen Partner zu verletzen, weil er mich verletzt hat?

Das heißt nun nicht, dass Gefühle unwichtig sind. Wenn wir keine Gefühle hätten, wären wir nichts mehr als brauchbare Roboter. Wir wären aber keine Menschen. Es lohnt sich deswegen die Gefühle des Partners und die eigenen Gefühle kennen zu lernen und effektiver damit umzugehen. Manchmal führt es weiter, wenn der Partner von einem Gefühl spricht, – z.B. „ich bin verärgert" – ihn zu bitten: „Erzähl mir mehr über deinen Ärger". Das wirkt besser, als wenn du sagst: „Du brauchst nicht verärgert zu sein", oder „du hast keinen Grund dazu". Die Gefühle sind da, sie sind echt, und wenn du den aufrichtigen Wunsch hast, deinen Partner kennen zu lernen, dann kann es helfen, wenn du verstehst, welche Gedanken, Meinungen oder Einstelllungen hinter den Gefühlen stehen.

Am Besten machst du aber erst deine eigenen Gefühle zu deiner Aufgabe. Wenn deine Gefühle dich stören, kannst du dir vergegenwärtigen: „Ich bin nicht Opfer dieser Gefühle. Ich habe sie mir selbst gemacht." Und dann fragst du sofort hinterher: „Welche Vorteile habe ich dadurch?" Oder auch: „Wie lange will ich dieses Gefühl noch haben?" Möglicherweise lautet deine Antwort auf die letzte Frage: „Noch eine Weile, es tut mir gut, mir Sorgen zu machen, mich selbst zu bemitleiden und den Partner innerlich schlecht zu machen". Als Beispiel und weitere Erklärung will ich eine persönliche Erfahrung mit dir teilen.

Ich fühlte mich von einem Menschen übergangen und sehr verletzt. Ich war wütend. Meine Gedanken waren voll von Fragen nach dem Warum, von Überlegungen, ihm so richtig die „Wahrheit" zu sagen, oder mich zu rächen. Die Unruhe war nicht nur im Kopf. Ich kam nicht zur Ruhe, auch nachts hatte ich meine inneren Dialoge, Fragen und Angriffsgedanken. „Da stehe ich dann mit all meinem psychologischen Wissen. Was erzählst du den Leuten, wenn du selbst so eine Sache nicht auf die Reihe kriegst?" klingt es in mir. Ja, solche Selbstvorwürfe helfen mir natürlich jetzt überhaupt nicht. Ich versuche Struktur zu schaffen und frage mich: „Woher kommt dieses Gefühl?"
Ich antworte mir: *Es kommt, weil er nicht mit mir spricht, so tut, als gäbe es mich nicht und mir mit seinen Entscheidungen schadet.*
Ich frage mich weiter: *„Was bringt mir dieses Gefühl? Welche Vorteile habe ich dadurch? Es muss mir doch irgendwelche Vorteile bringen, sonst würde ich dieses Gefühl ja nicht so festhalten".*
Ich antworte mir: *„Ja, ich merke, dass ich die Sache sehr wichtig mache. Vorteile? Ich fühle mich besser als er. Ich,*

Edler, würde so etwas natürlich nicht tun (ja, das fühlt sich gut an). Ich bin gut, er ist schlecht! Es hilft mir auch, genüsslich meinen Gegenschlag vorzubereiten." Spätestens hier sehe ich ein, dass mir das natürlich nicht weiter hilft.

Dann stelle ich mir die Frage: **"Wie lange willst du noch an diesem Gefühl festhalten?** *(Ich lasse die Frage wirken und stelle sie noch mal).*

Ich antworte mir: *"Ich will das Gefühl noch eine Weile behalten. Es tut mir gut, innerlich mit ihm zu schimpfen und mich selbst zu bedauern".* Da ich aber immer noch nicht schlafen kann, bin ich mit der Antwort nicht glücklich.

Ich schiebe also die Frage "Angenommen..." ein: **"Angenommen, ich hätte dieses Gefühl nicht?"** *(Dadurch kommen Alternativen in mir in Bewegung).*

Ich antworte mir: *"Ich würde mich leicht, frei, zufrieden, entspannt und ruhig fühlen. Und ich würde schlafen können".* Ich bleibe eine Weile dabei und spüre diesem Zustand nach. Ich komme etwas von dem negativen Gefühl weg. Ich erlebe, dass es so richtig ist, aber kann den Zustand des Friedens nicht halten, solange sich Gedanken der Rache und meine Rechtfertigung davor schieben.

Verzeihen *heißt wohl das Lösungswort. Anerkennen, dass er möglicher Weise nichts Böses will, aber dass er so ist. So will ich ihn annehmen. Er redet nicht, er geht seinen Weg, tut was er will. So ist er wohl. Er kann auch nicht aus seiner Haut. Es geht mir schon besser, aber es tut noch weh. Ich kann noch nicht schlafen.*

Ich versetze mich in seine Lage, *überlege, wie oft ich selbst auch so vorgegangen bin, nach dem Motto: "Nicht fragen, einfach machen. Wo Holz gehackt wird fallen Späne, was soll's." Ja, ich bin auch nicht anders. Ich lächle in die Dunkelheit hinein und gehe in meiner Vorstellung die Menschen durch, die ich in guter Erinnerung habe. Das sind einige. Der Polizist, der mir als Jugendlicher einen Vertrauensvorschub gab und mein Vergehen nicht bestrafte. Der Arbeitge-*

ber, der in derselben Zeit mein Lügen nicht so wichtig machte und mir weiterhin vertraute; die Lehrerin, die sich geduldig zu mir setzte und nach der Schulstunde meinen selbst verschuldeten Mathe-Rückstand mit mir übte; die Tante, die sich wertschätzend auf eine meiner Äußerungen bezog. Und es gibt mehrere quer durch mein Leben. Einige sind schon gestorben, aber ich habe sie in guter Erinnerung.
Es steht plötzlich die Frage vor mir: *„**Wie möchtest du, dass er später über dich denkt und spricht, wenn du gestorben bist?**" Die Antwort war sofort klar: „Auf keinen Fall will ich, dass er über mich denkt als über einen Menschen, der schöne Ideen über Ermutigung in die Welt setzt und selbst andere entmutigt, wenn sie sich nicht so verhalten wie er es für richtig hält". Daraus entstanden in mir folgende Gedanken und Vorgehensweisen: „Er hat mir nichts getan. Er hat für sich entschieden. Er lebt sein eigenes Leben. Dass mich das stört, ist meine verletzte Eitelkeit. Diese will ich nicht so wichtig machen. Ich werde ihn nach Möglichkeit unterstützen und ihm helfen, so wie ich auch anderen helfe. Ich habe lieber eine gute, als eine gestörte Beziehung zu ihm. Wichtig ist, welche Früchte mein Verhalten auf lange Sicht bringt. Damit habe ich Frieden. Ich schlafe ein mit dem sicheren Vorsatz, dass es noch ein respektvolles Gespräch geben wird.*

> **Vorschlag: „Der Umgang mit störenden Gefühlen"**
Hier sind zusammengefasst die wichtigsten Fragen. Gehe an diesen Fragen entlang, wenn ein Gefühl dich stört.
1. Woher kommt dieses Gefühl?
2. Was bringt mir dieses Gefühl?
3. Wie lange will ich dieses Gefühl noch haben?
4. Angenommen, ich hätte dieses Gefühl nicht? Was wäre dann?
5. Wie entscheide ich mich?

Durch obiges Beispiel wollte ich klar machen, dass es ja auch andere Möglichkeiten gibt, als durch Wut und Ärger andere zu verletzen. Der bessere Weg ist: Umdenken. Manchmal höre ich die Frage: „Wohin mit meiner Wut?" Das ist, wie du jetzt verstanden hast, die falsche Frage. Sie müsste lauten: „Was mache ich mit meinen Gedanken, die mich wütend machen?" Die Wut hat doch zu tun mit etwas, was dir nicht gefällt, etwas, was du anders haben willst. Du willst dich nicht unterkriegen lassen, du willst es auch nicht akzeptieren und du glaubst, dass du mit normalen Argumenten nichts erreichen kannst. Deshalb bist du wütend. Du kannst die Wut herausschimpfen und trampeln oder schlagen. Vielleicht fühlst du dich dann gut, aber die Wut ist wieder da, wenn du die Gedanken wieder denkst. Es hat nur kurz gewirkt und du hast deinen Partner verletzt. Etwas gewonnen? Nichts! Besser ist:

- Versuche zu verstehen – dich selbst und den Partner.
- Verzeihe; lass los.
- Kehre zur Sachlichkeit zurück.

Du kannst wohl nicht verhindern, dass bestimmte Gefühle plötzlich da sind, aber du kannst sobald sie das sind, Einfluss nehmen. Wenn du willst.

8

Es ist Zeit zum Hände reichen

> Die meisten Menschen können zwar
> vergeben und vergessen, legen aber
> großen Wert darauf, dass die Verge-
> bung nicht in Vergessenheit gerät.

Wir tun uns dann und wann weh. Mal mehr, mal weniger und machen Fehler in unserer Beziehung. Wer sich an der Liebe orientiert und sich an die vielen guten Zeiten und an die vielen guten Qualitäten des Partners erinnert, dem gelingt es besser, Ärger und Verletzungen nicht so wichtig zu machen und auch mal über seinen Schatten zu springen. Nichts schadet einer Partnerschaft so sehr, als festgehaltener Unmut und Verletzungen. Sie zerstören eine Ehe so wie Bakterien und Plaque die Zähne zerstören. Verzeihen[1] kann diese Verletzungen wegwaschen und der Partnerschaft einen neuen erfrischenden Start geben. Es ist Zeit zum Hände reichen. Du stehst jetzt noch alleine davor, aber du kannst deinen Teil tun, indem du anfängst, deine Hände auszustrecken. Damit tust du dir selbst und deinem Partner etwas Gutes. Wenn du nicht verzeihst, verzerrst du das Bild des Partners, weil du Fehler sammelst. Du lebst mit negativen inneren Dialogen. Du verlierst die Sicht auf die positiven Qualitäten.

---

[1] Siehe auch: Schoenaker, Theo: „Leben beginnt mit Loslassen"

Paare wachsen dadurch auseinander. Es scheint einfacher zu sein sich bockig zu verhalten, sich zurück zu ziehen und die eigenen Wunden zu lecken als das Problem konstruktiv anzugehen. Andere Paare streiten ohne Ende und werfen sich gegenseitig immer wieder ihre Fehler vor. Das gute Gefühl von Zugehörigkeit, von Sicherheit und Hoffnung in der Partnerschaft geht verloren und in den meisten Fällen ist die Sexualität das erste, was darunter leidet. Manche Partner sind so entmutigt, dass sie vertrauensvolle Gespräche außerhalb der Partnerschaft suchen. So können sich dann Beziehungen entwickeln, die für die eigene Partnerschaft nicht ungefährlich sind.

Über Verzeihen lässt es sich leichter schreiben als es in die Praxis umzusetzen. Trotzdem können folgende Gedanken vielleicht hilfreich sein. Es geht um folgende Schritte:

1. Die Entscheidung, verzeihen zu wollen
2. Die Bereitschaft, verstehen zu wollen
3. Dem Partner vermitteln, dass du verziehen hast.

1. Die Entscheidung, verzeihen zu wollen
Wenn der Schmerz des inneren Getrenntseins vom Partner zu sehr weh tut, bist du vielleicht bereit zu verzeihen. Am meisten gewinnst du selbst dadurch. Du kannst dann aufhören, deinen Partner offen oder versteckt anzuklagen. Du kannst dich wieder entspannen und lachen. Hiermit will ich nicht sagen, dass das einfach ist, aber ich will sagen, dass du kannst, wenn du willst, auch wenn der Prozess vielleicht länger dauert. Wenn du nur schon die Bereitschaft zu verzeihen in dir aufrecht erhältst, kommst du da auch weiter. Verzeihen heißt: Weg mit der Anklage! Das ist ein gutes Ziel.

2. Die Bereitschaft, verstehen zu wollen
Wenn wir etwas nicht verstehen, können wir es auch nicht gut akzeptieren. Wir wollen für das Verhalten des anderen eine Erklärung, die irgendwie einleuchtet oder die man als stimmig empfindet.

Christine erzählt: „Ich konnte die verschiedenen Eskapaden und Seitensprünge meines Verlobten Jürgen damals nicht akzeptieren. Aber ich konnte irgendwann verstehen, dass er sich damit Bestätigung bei Frauen holte. Er ist ein Mensch mit einem starken männlichen Überlegenheitsstreben. Dieses Verständnis hat mir geholfen, mich weniger verletzt zu fühlen. Nachdem ich das verstanden hatte, konnte ich eher ihn sehen mit seiner Persönlichkeit und seinen Bedürfnissen und nicht mich als Versagerin. Ich konnte ihn losgelöst von mir betrachten. Ich finde ihn immer noch einen netten Kerl, obwohl unsere Beziehung nicht mehr existiert. "

Ein französisches Sprichwort lautet: „Alles verstehen heißt alles verzeihen". Das ist vielleicht allzu optimistisch, aber wenn wir verstehen oder nachvollziehen können, warum der Partner sich so und nicht anders verhalten hat, dann ist es leichter ihm zu verzeihen, den inneren Hader loszulassen und wieder gut zueinander zu sein. Schauen wir uns mal ein paar Situationen aus dem Alltag an.

Sie kann sich aufregen, weil er auf dem Rückweg von der Arbeit nach Hause ihre Hose nicht von der Reinigung abgeholt hat. Wenn sie aber versteht, dass er kurz bevor er den Arbeitsplatz verließ, noch eine Auseinandersetzung mit dem Chef hatte, und dass ihn gerade heute seine Mutter am Arbeitsplatz angerufen hat um zu erzählen, dass es seinem Vater nicht gut geht, dann kann sie vielleicht leichter verstehen, warum er es einfach vergessen hat. Sie wird dann nicht mit ihm schimpfen, auch wenn sie die Hose gerade an diesem Abend gerne hätte anziehen wollen. Sie konnte ihn verstehen, weil sie ihm die Möglichkeit geboten hat zu erklären und sie hat ihm den Spielraum gelassen zu sagen: Es tut mir sehr leid, aber ich habe es vergessen.

Manchmal kann man auch ohne viel Worte verstehen und verzeihen:

„Ich war wütend, als ich nachts im Hotel gegen zwei Uhr aufwachte durch den Lärm einer Gruppe von weiblichen Personen, die sich im Flur laut unterhielten. Ich sah nur meine eigene Situation, nämlich, dass ich um diese Uhrzeit aus dem Schlaf gerissen wurde; das fand ich unverschämt. Ich sagte mir beim Aufstehen: „Theo sei nicht so streng. Sag freundlich und fest, dass dir das nicht gefällt und bitte um Ruhe", aber ich war doch ziemlich angespannt. Ich gehe auf den Flur und stehe einer kleinen Reisegruppe sich hilflos unterhaltenden englisch sprechenden, älteren Frauen gegenüber, die mit dem Plastik-Kärtchen als Schlüssel nicht zurecht kamen. Sie waren ersichtlich müde von einer langen Reise und waren wie verzweifelt. Ich habe zwar angefangen zu sagen, dass es ja 2.00 Uhr nachts sei und dass ich ihr Nachbar sei und gerne schlafen möchte, konnte aber meinen vorwurfsvollen Ton nicht aufrecht erhalten, als mir deren Situation klar wurde. Ich konnte verstehen. Meine Gefühle änderten sich. Nun konnte ich mit meiner „Plastik-Schlüssel-Erfahrung" das Problem der geschlossenen Tür für sie lösen. Vergeben und vergessen!

Oft kann es helfen, über die Kindheit des Betreffenden nachzudenken, wenn wir das Verhalten verstehen wollen.
Dianas Seitensprung ist leichter zu verstehen, wenn man es in Zusammenhang mit dem Verhalten ihres Vaters bringt, der ein Frauenheld war und den sie sehr geliebt hat, insbesondere deswegen, weil sie die Mutter mit ihrer gehässigen Art auf Vater zu reagieren, abgelehnt hat. Für das Kind Diana, war alles, was Mutter tat böse, und alles was Vater tat, war in Ordnung. Diese Einsicht entschuldigt ihr Verhalten zwar nicht, aber es wird dadurch verständlicher. Das kann eine Hilfe sein, wenn man verzeihen will.

Jochen gibt mehr Geld aus als vernünftig ist. Wenn wir hören, dass er als Kind nie Verantwortung tragen musste, verstehen wir das besser. Er war das jüngste Kind. Die Eltern hatten in seiner Kindheit und Jugendzeit genug Geld und haben ihm alles erlaubt. Und so war es und ist es noch immer selbstverständlich, zu haben, was er – materiell gesehen – haben will und wann er es will. Auch hiermit ist nichts entschuldigt, aber es wird verständlicher und leichter zu verzeihen.

Und was ist, wenn wir nicht verstehen können?
Du kommst mit deiner Entwicklung und mit deiner Partnerschaft nicht weiter, wenn du nicht verzeihst. Es ist etwas Dickköpfiges in der Aussage „Ich kann es ihm nur verzeihen, wenn ich es verstehe."

Ein 43-jähriger Mann sagte mir: „Mein Psychotherapeut hat mir geraten, ich solle meinen Eltern verzeihen, sonst würde die Therapie nichts bringen. Das klingt zwar logisch, aber ich will erst verstehen, warum meine Mutter mich so oft geschlagen hat und warum mein Vater nie zu Hause war." Ich frage: „Warum packen Sie das Thema nicht an?" Er: „Meine Mutter starb als ich zwölf war und mein Vater ist vor zehn Jahren gestorben." Ich: „Es sieht so aus, dass Sie verzeihen müssen, ohne zu verstehen, es sei denn, Sie denken sich einige passende Antworten aus." Er: „Das kann ich nicht."

Wir sehen hier, wie dieses „Ich will erst verstehen ..." zu einem Trick, zu einem Alibi wird, um nicht zu verzeihen. Der Mann aus obigem Beispiel kommt mit seiner Entwicklung nicht weiter.

Sie hat sich von ihrem Freund getrennt, nachdem er sie erst betrogen und dann angeschrieen hat. Das ist schon ein ganzes Jahr her. Sie ist durch Wut noch stark an ihn gebunden. Sie kann an nichts anderes denken und ist nicht frei für eine neue Beziehung. Verzeihen und Loslassen ist das Stichwort. Sie sagt: „Ich kann nicht. Ich muss erst noch einmal mit ihm reden, damit ich sein Verhalten besser verstehe." *Ich: „Wollen Sie verstehen, wie er Ihren Anteil daran sieht, dass er fremd ging, oder wollen Sie hören, wie Sie ihn zur Weißglut gebracht haben, oder wollen Sie, dass er sich entschuldigt, oder wollen Sie ihm noch einmal so richtig die Wahrheit sagen, weil Sie noch so wütend sind?*" *Sie lächelt und sagt: „Wenn ich ehrlich bin, das Letzte.*"

Überlege, ob der Wunsch nach Frieden, innerer Ruhe und die Bereitschaft zu verzeihen groß genug sind, um – auch wenn du nicht verstehst – trotzdem zu verzeihen. Aufhören mit der Anklage!

3. Dem Partner vermitteln, dass du verziehen hast

Es kann gut tun zu hören, „Ich habe es dir verziehen", wenn das in einer wohlwollenden Atmosphäre und Nähe gesagt wird. Sonst kann es auch als ein Ausdruck der Überlegenheit ankommen. Es ist der König, der einem seiner Untertanen vergibt. Es ist Gott, der dem Sünder vergibt. Deshalb aufpassen!

Wenn du verzeihst, kommen die guten Gedanken der Zuneigung wieder zurück, du gibst den Ärger auf, die Schmerzen verschwinden und du kannst wieder lieben. Dieser Prozess spielt sich in dir ab. In den meisten Fällen kommt deine neue Einstellung auch ohne Worte klar herüber. Dein Gesichtsausdruck ist entspannter. Du schaust den Partner wieder freundlich liebevoll an. Es ist überdeutlich: „Es ist wieder in Ordnung zwischen uns. Es ist Zeit zum Hände reichen." Die warme Stimme und deine Bereitschaft, dich mit dem Partner auszutauschen, das alles sagt: Es ist vorbei, lass uns nach vorne schauen. Das beinhaltet natürlich auch, dass du ab jetzt das Thema nicht mehr aufwärmst um deinen Partner zu verletzen. Das Thema, was es auch war, kann weiterhin ein Gesprächsthema sein, aber dann eher mit dem Nachdruck, auf das, was ihr dadurch gelernt bzw. gewonnen habt.

Und wenn du selbst den Fehler gemacht hast?

Wenn du den Fehler gemacht hast, gib es zu. Befreie dich von dem Druck, von eventuellen Heimlichkeiten oder Schuldgefühlen, indem du z.b. sagst: „Ich habe Mist gebaut und das tut mir so leid, ich hätte das nicht tun sollen." Solche Ausdrücke können zeigen, dass du die Verantwortung für dein Verhalten übernimmst. Verteidigen und Recht haben wollen, bringen euch nur in Kampf und bringen keine Nähe. Wenn du deinen Partner um Verzeihung bittest, kann das möglicherweise sein kaltes Herz wieder erwärmen. Spreche dann so offen und ehrlich wie möglich über das, was passiert ist, so dass dein Partner dein Verhalten verstehen kann. Es kann sein, dass du eine Zeit lang die Traurigkeit, die Wut deines Partners akzeptieren musst. Daran leidest du dann. Dafür kannst du aber auch erwarten, dass du verziehen bekommst.

Sicherheit geben

Es kann helfen euch wieder näher zu kommen und Vertrauen zu haben, wenn du deinem Partner sagst, dass du dich anstrengen willst, dass so etwas nicht wieder vorkommt. *„Es tut mir leid, dass ich so spät nach Hause gekommen bin. Ich werde alles tun, dass das nicht mehr vorkommt. Ich werde in Zukunft, sobald ich merke, dass mir die Zeit davon läuft, kurz anrufen und sagen wann ich komme."*
Der Schuss geht natürlich nach hinten los, wenn solche Versprechen nur als ein schneller Weg um aus den Schwierigkeiten herauszukommen, verwendet werden. Wenn der Fehler dann wieder vorkommt, ist der Unfrieden größer als vorher. Besser wäre es, in so einem Fall zu sagen: *„Es tut mir leid, dass ich zu spät nach Hause gekommen bin, aber ich*

kann nicht garantieren, dass ich jeden Abend um 18.30 Uhr hier bin. Manchmal gibt es einen Notfall, wenn ich gerade aus der Tür herausgehe, und dann kann ich nicht so tun als gäbe es ihn nicht. Ich würde meinen Job verlieren. Mir ist es auch wichtig, dass wir zusammen essen und dass du nicht auf mich warten musst. Deswegen will ich einen besseren Weg finden um mit diesem Thema umzugehen. Ich verspreche dir, dass ich mein Bestes dafür tun will, aber ich kann's dir nicht garantieren." So ist es realistisch. An deinem Verhalten wird dein Partner erkennen, dass es dir ernst ist. Der Partner will mit Recht Taten sehen und nicht nur Worte hören. Eine Tat sagt mehr als 1000 Worte.

Wenn störendes Verhalten in der gleichen Art immer wieder vorkommt, dann kann es nützlich sein, einen individualpsychologischen Berater aufzusuchen.

➢ **Vorschlag: „Ja, ich will verzeihen"**
Du kennst vielleicht schon das Thema, das zwischen dir und deinem Partner steht und die Liebe blockiert. Jetzt ist es Zeit zum Hände reichen.
Anstatt dich auf dieses eine Thema festzulegen, ist es besser, 3 unterschiedliche Themen zu suchen, wo Verzeihen nötig wäre. – **Beispiel:**
1. „Dein böser Blick gestern Abend"
2. „Deine spöttische Bemerkung über mich in Anwesenheit deiner Freunde"
3. „Dass du kein Kind mehr haben willst"
Aus den 3 von dir notierten Themen kannst du jetzt wählen. Überlege mal, welches „Vergehen" du mit den Hinweisen aus diesem Kapitel am leichtesten verzeihen, loslassen, oder „nicht so wichtig machen" kannst.

Hier als Zusammenfassung noch einige Ideen:
- Nur bei Kleinigkeiten und einem guten Selbstwertgefühl kann man sofort verzeihen und loslassen und sich wieder mögen. Bei tiefen Verletzungen kann der Prozess auch lange dauern.
- Die meisten Menschen tun wirklich zu jeder Zeit das Beste was sie können. Dein Partner hat grundsätzlich dasselbe Bedürfnis wie du, nämlich zu lieben und geliebt zu werden, das Leben einigermaßen richtig zu bewältigen und sich selbst gut zu fühlen. Den meisten Menschen tut es gut, wenn sie dafür dann auch Anerkennung bekommen.
- Wenn dein Partner sich von dir zurückzieht oder dich verletzt, ist das auch zu verstehen als eine Form von Schutz. Aus irgendeinem Grunde fühlt sich dein Partner von dir bedroht.
- Wenn du feststellst, dass du schreist oder anklagst, heißt das, dass du den anderen nicht verstehst. Du behandelst ihn wie einen Unmündigen. Für eine gesunde erwachsene Beziehung brauchst du eine andere Sprache.
- Es ist besser zu sprechen über das, was du dir wünscht oder das, wovor du Angst hast, als darüber zu sprechen was dein Partner tun soll. Grundsätzlich sind Lösungsvorschläge besser als Klagen und Beschuldigungen.
- Versuche nicht, deinen Partner zu ändern; frage dich: was kann *ich* tun und übernimm die Verantwortung für dich selbst.

Und noch etwas:

Religiös orientierte Menschen kann es helfen sich zu vergegenwärtigen, dass es ein Aspekt der Wirklichkeit Gottes ist, dass er der Verzeihende ist. Er kennt uns und versteht uns besser als wir uns selbst verstehen. Er verzeiht. Was steht dir dann noch im Wege? Wenn du Gott als zu weit weg empfindest und zu dieser Idee keinen Zugang hast, dann frage dich, wer sich entfernt hat.

Und zum Schluss:

Ein älterer Mann fand am Strand eine Wunderlampe. Er hob sie auf, und es erschien ein Geist. Der sagte: „Weil du mich befreit hast, darfst du dir etwas wünschen." Der Mann dachte einen Augenblick nach und erwiderte dann: „Mein Bruder und ich hatten vor dreißig Jahren einen Streit und seitdem hat er nicht mehr mit mir gesprochen. Ich wünsche mir so, dass er mir endlich verzeiht." Es gab einen Donnerschlag und der Geist erklärte: „Dein Wunsch ist in Erfüllung gegangen." Dann fuhr er fort: „Die meisten Menschen hätten sich Reichtum oder Ruhm gewünscht, aber du wolltest nur die Liebe deines Bruders. Warum? Ist es, weil du alt bist und bald sterben musst?" „Keineswegs" rief der Mann, „aber mein Bruder ist alt und krank und er besitzt hundert Millionen." (Aus: Quote Magazine 4/1982)

9

Liebe schwärmt auf allen Wegen

Liebe schwärmt auf allen Wegen.
Treue wohnt für sich allein;
Liebe kommt euch rasch entgegen,
aufgesucht will Treue sein.
(aus: Claudine von Villa Bella von Goethe)

Viele Menschen wollen und können irgendwann verzeihen. Die meisten haben aber Schwierigkeiten Untreue zu verzeihen und wieder zu vertrauen. Ich glaube, dass einige Überlegungen zu diesem Thema hilfreich sind.

Wenn zwei Menschen sich für einander entscheiden, setzen sie automatisch voraus, dass der Partner treu ist und sie erwarten das auch von sich selbst. Das neue Leben, das man mit der Entscheidung, zusammen leben zu wollen, beginnt, beinhaltet Verbindlichkeit, Treue, Vertrauenswürdigkeit, Zuneigung im Denken und Fühlen und die Entwicklung einer Kommunikation, die beiden hilft, sich gegenseitig besser kennen zu lernen. Es geht dabei auch um Verantwortungsbewusstsein, Zuverlässigkeit, Berechenbarkeit.

Andererseits leben wir in einer Gesellschaft, die uns Werte vorlebt wie individuelle Freiheit, Konkurrenz mit dem Streben zu gewinnen auf Kosten anderer, und sie lehrt uns, dass „es" Spaß machen muss. „Wenn es keinen Spaß macht, habe ich keine Lust mehr." Die Werbung sagt uns: „Was sich gut anfühlt, das ist auch gut." Und bei alledem spielt die sexuelle

Erfüllung eine wichtige Rolle. Vorbilder der Untreue sehen wir zur Genüge um uns herum. Liebe schwärmt halt auf allen Wegen!

Es sind zwei verschiedene Welten, die es uns nicht leicht machen, treu zu sein. Der Ruf nach Spaß, Befriedigung, haben wollen und frei sein wollen einerseits und die Erwartung der oben genannten Faktoren für eine Partnerschaft, führen uns oft in einen Konflikt. Manch einer ist unsicher und fragt sich, ob er nicht etwas ganz Wichtiges im Leben verpasst, wenn er sich endgültig für diesen einen Partner entscheidet. Wer sich aber für die Untreue entscheidet, lebt mit inneren Konflikten, weil er wichtige Werte verletzt. Wir sind in einer monogamen Kultur aufgewachsen und leben in dieser Kultur, wo es für jeden Partner nur einen anderen zur selben Zeit geben kann. Welche Theorien, Berechtigungen, Entschuldigungen man sich auch zurecht legt, eine Abweichung von dieser Tradition verursacht immer Komplikationen bzw. ist immer problematisch.

Angenommen du oder dein Partner, einer von euch beiden war untreu. In beiden Fällen stehst du vor wichtigen Entscheidungen. Untreue ist wie eine Krankheit in einer Partnerschaft. Manchmal kann man diese Krankheit schnell behandeln, findet wieder Wege zur Gesundung und stellt fest, dass die Partnerschaft nach der Krise besser ist als sie vorher war. In anderen Fällen verursacht Untreue einen langsamen Zerfall und schließlich den Tod der Beziehung.

Untreue ist eine harte Realität. Sie kommt in vielen Beziehungen vor. Eine außerpartnerschaftliche Beziehung hat wohl deswegen einen so einschneidenden Einfluss auf die Qualität der Beziehung, weil wir der Affäre eine ganz besondere Bedeutung geben. Es hat mit unserem Schwarz-Weiß-Denken zu tun. Wir betrachten den Partner entweder als treu oder als untreu, dazwischen ist nichts. Eine einzelne Affäre gibt ihm den Stempel untreu zu sein, so wie ein Mensch, der einmal gestohlen hat, für immer ein Dieb ist. Oder jemand, der bei einer Lüge ertappt wird, für immer als Lügner angesehen werden kann. In keinem dieser Fälle ist die Etikettierung berechtigt. Jeder der lügt, stiehlt oder untreu ist, ist das nicht grundsätzlich (abgesehen von krankhaften Zuständen). Er ist es unter bestimmten Bedingungen. Diese Erkenntnis kann uns helfen, nicht nur den untreuen Partner zu sehen, sondern den Blick zu öffnen für die Bedingungen, die wir wohl selbst mit geschaffen haben. Durch das Schwarz-Weiß-Denken verliert man die Sicht auf die Realität. Dadurch wird das Thema wichtiger gemacht als es in Wirklichkeit ist.

Wenn du als der betrogene Partner dich mit deiner eigenen Wertlosigkeit beschäftigst und die Tatsache, betrogen und getäuscht worden zu sein, in den Vordergrund stellst, dann erlebst du das ganze Gebäude des gemeinsamen Lebens als unreparierbar zerstört. Das ist gut zu verstehen, aber es gibt auch Menschen, die mit einem Seitensprung ganz anders umgehen. Hier ein nicht alltägliches Beispiel, das sich viele Menschen, die untreu waren, auch für sich wünschen würden.

Sie ist gerade von einem Italienurlaub mit Freundinnen zurückgekommen. Sie ist 23 Jahre verheiratet. Als sie am ersten Abend wieder mit ihrem Mann im Bett liegt und er fragt, ob sie noch etwas über ihren Urlaub erzählen will, fängt sie an zu weinen und erzählt, wie sie gestern Abend nach dem Abschiedsfest mit einem Unbekannten im Bett gelandet ist. Sie beichtet: „Wir Freundinnen hatten viel Spaß und wurden übermütig, als sich ein paar Italiener zu uns setzten. Wir haben zu viel Wein getrunken und viel gelacht, ich weiß gar nicht, wie alles genau ging. Ich lag dann mit ihm im Bett, habe nichts von dem verstanden, was er alles sagte. Er war schnell fertig und als ich wach wurde waren er und meine Perlenkette weg."

Er nimmt sie in den Arm und fängt laut an zu lachen: „Ich sehe das so lebendig vor mir, wie du so halb betrunken im Bett liegst, das ganze Geschehen über dich ergehen lässt, die ganze Liebeserklärung nicht verstehst und dich später betrogen und belogen fühlst. Ich verstehe gut, dass du dich miserabel fühlst. Das hätte mir unter diesen Umständen auch passieren können. Ich liebe dich und will nicht, dass du unglücklich bist. Die Perlenkette musste sowieso durch etwas Wertvolleres ersetzt werden. Morgen kaufen wir mal was Schönes, als Zeichen unseres Neuanfangs. Okay?" Sie *schließen sich in die Arme.*

Sie: „Ich hatte solche Angst, es dir zu sagen. Jetzt bin ich so entlastet und glücklich. So einen Mann wie dich wollte ich ja immer haben. Es wird nicht wieder vorkommen. Ich freue mich auf morgen."

So einen Umgang miteinander können wir uns bei immer wiederkehrender Untreue oder bei einer Beziehung, die der Betreffende nicht bereit ist, aufzugeben, wohl kaum vorstellen. In diesen Fällen kommt man ohne psychologische Beratung oder Psychotherapie nicht zu einer guten Lösung.

Eine Ehe zu dritt

Angenommen nun, dass dein Partner eine Beziehung hat, die er nicht aufgeben will. In den meisten Fällen führt das zur Trennung und zur Scheidung. Trotzdem ist Trennung und Scheidung nicht für jedes Paar eine gute Lösung. Manche Paare schauen zurück auf die guten Jahre, die sie hatten, auf das, was sie zusammen erlebt und erlitten haben und fühlen sich aneinander gebunden, oder können, durch welche Verpflichtungen auch, gar nicht auseinander. Vielleicht willst auch du lieber noch warten und darauf vertrauen, dass dein untreuer Partner durch eine Lebensphase geht, die er in diesem Moment für seine Entwicklung braucht.[1] Vielleicht hast

---

[1] Siehe auch Schoenaker, Theo: „Die kreative Partnerschaft" Teil: II, Die außereheliche Verliebtheit

du die Hoffnung, dass die Probleme, die diesem Verhalten zu Grunde liegen, später bearbeitet werden können. In der Zeit des Wartens auf eine günstige Veränderung ist das Wichtigste, dass du an dir selbst arbeitest. An der Qualität der Beziehung kannst du relativ wenig machen. Es ist, als wolltest du in einem Bett ohne Matratze schlafen. Es fehlt der Boden, worauf du aufbauen könntest. Es ist wie Fahren mit einem Wagen ohne Benzin, es gibt keinen Antrieb. Du kannst aber selbst etwas tun. Vielleicht hilft dieses Buch dir schon. Ein Encouraging-Training für Partnerschaft könnte dir helfen (Informationen über unser Büro). Du kannst lernen, bewusste Selbstgespräche zu führen und dafür zu sorgen, dass du einen klaren Kopf behältst. Und du kannst lernen zu verstehen, warum dies alles so gekommen ist.

Du kannst aber auch nicht grenzenlos tolerant sein. Du musst auch Grenzen setzen. Wenn du keine Trennung willst, aber auch nicht mit einem untreuen Partner weiterleben willst, dann muss das auch klar zum Ausdruck kommen. Es geht dabei nicht um Drohungen, sondern um eine klare Stellungnahme, die so klar ist, dass sie vom Partner nicht missverstanden werden kann. Deine Worte sollst du auch durch dein Verhalten unterstützen. Vielleicht willst du nicht mehr mit ihm im selben Schlafzimmer schlafen. Vielleicht willst du ihn auch nicht länger in der Bequemlichkeitsrolle bestärken und deswegen bestimmte Aufgaben zu Hause nicht mehr machen. Wenn du die Frau bist, die bis jetzt für ihn gesorgt hat, Essen kochen, waschen, bügeln, dann kannst du ihm diese Arbeiten auch selbst überlassen. Du könntest auch schon mal mit einem Rechtsanwalt sprechen, aber auf jeden Fall solltest du psychologische Beratung suchen.

Manchmal ist eine Trennung auf Zeit trotz allem eine gute Entscheidung. Die Trennung auf Zeit führt zu dem Bewusstsein, wie es sein wird, geschieden zu sein. Wenn alles bleibt wie es vorher war, hat der untreue Partner wenig Anlass, zur Veränderung der Situation beizutragen. Er hat schließlich das

Beste aus beiden Welten, in denen er lebt. Eine Trennung kann somit den Wunsch, das Dilemma zu lösen, verstärken und du hast die Chance an deiner Eigenständigkeit zu arbeiten.

Zum besseren Verständnis: Der untreue Partner erlebt Zeiten, wo er nicht weiß, wo er hingehört. Heute ist er zugewandt, liebevoll und unterstützend zu Hause, am nächsten Tag ist es klar, dass er den Geliebten vermisst. Er ist abweisend, kalt und traurig. Das gleiche kann sich abspielen, wenn er bei dem Geliebten ist. Der betrogene Partner kann das am Anfang vielleicht verstehen und akzeptieren, aber auf Dauer ist das für keine der drei Parteien durchzuhalten. Hilfreich ist es, wenn einer von drei aus diesem Beziehungsproblem aussteigt. Der untreue Partner ist in einer schwierigen Situation, denn er will weder den eigenen Partner noch den Geliebten fallen lassen. Er fühlt sich für beide verantwortlich. Das Hin und Her kann Monate dauern und in einigen Fällen sogar Jahre lang weitergehen mit der heimlichen Hoffnung, dass einer von beiden eine Entscheidung trifft.

Faktoren, die Untreue begünstigen

Es gibt Zeiten, die die Partner anfälliger machen für eine Affäre als andere. Es sind Zeiten der Veränderung, der Entwurzelung und der Anpassung.

Folgende Themen habe ich durch meine Klienten kennen gelernt:

- *Eine Frau hatte in den **ersten Monaten ihrer Ehe** eine Affäre. Sie sagte: „Ich liebe meinen Mann, aber ich hatte plötzlich panische Angst vor dem Käfig der dauerhaften Verpflichtungen, dem Verlust von Freiheit und davor, mich selbst zu verlieren.“*

- Die **Schwangerschaft** ist eine für Untreue anfällige Zeit. Hier sind eher die Männer in Gefahr. Sie fühlen sich jetzt mehr als vorher verantwortlich für das Einkommen. Sie fühlen sich mehr als vorher in dieser Partnerschaft „gefangen". Auch die Veränderung der sexuellen Beziehung spielt eine Rolle.

  Ein Mann spürte mehr als vorher, dass er ein erwachsener Vater sein musste. Bis dahin, sieben Jahre lang, hatte er mit seiner Frau ein Mutter-Sohn-Verhältnis gelebt. Während der Schwangerschaft bekam er eine Ahnung davon, was es heißt, dass sie Mutter eines Kindes wird und er die Kind-Rolle nicht mehr wie vorher beanspruchen kann. Gabriele Gloger-Tippelt (1988) belegt anhand von Studien konträr zu allem Glauben und Werbung, dass nach der Geburt des ersten Kindes eher eine Abnahme von ehelichem Glück und Zufriedenheit in der Partnerschaft zu erkennen sei.

  Eifersucht kann eine Rolle spielen. Der Mann kann das Gefühl haben, dass er von der Beziehung Mutter-Kind ausgeschlossen ist.

- Die Zeit, **wenn Kinder selbständiger werden**, kann eine Zeit größerer Spannungen sein. Es kann sowohl die Zeit sein, wo Kinder zur Schule gehen, als auch die Zeit, wo Kinder das elterliche Haus verlassen. Manch ein Mann oder Frau „löst" die dann entstehende Angst durch eine Affäre.

- *Eine Frau sagte mir: „Ich bin erst auf die Idee gekommen, eine Affäre mit einem anderen Mann einzugehen, als das Thema Freiheit in den Gesprächen mit unseren erwachsen werdenden Kinder ständig wieder auf den Tisch kam. Dann habe auch ich angefangen, die von mir bis dahin als selbstverständlich angenommenen Spielregeln und **Werte in Frage** zu **stellen.** "*

- Plötzliche Arbeitslosigkeit oder Pensionierung, eine schlechte Gesundheit des Partners, der Tod eines Elternteils. All diese Augenblicke können zu außerehelichen Beziehungen Anlass geben. Wenn das Paar nicht gelernt hat, miteinander über **Gefühle des Verlustes** zu sprechen, ist es wahrscheinlicher, dass solche Spannungen durch Streit, Abstand, Depression oder eine außereheliche Affäre „gelöst" werden.

  Ein Mann verlor seine 80-jährige Mutter. Er sagte: „Ich lebe ein eigenständiges Leben in guter Ehe mit meiner Frau. Ich habe mich nie von meiner Mutter abhängig gefühlt. Ich hatte eine gute Beziehung zu ihr und wir telefonierten oft als gleichwertige Erwachsene. Ihr Tod hat mich auch nicht umgehauen, aber in den danach folgenden Monaten bin ich zum ersten Mal im Leben ins Strudeln geraten. Ich hatte mehrere Beziehungen nebeneinander, wo ich bis dahin meiner Frau treu war. Wir haben uns wieder gefangen, aber ich habe mich sehr entwurzelt gefühlt."

- Paare, die nicht offen miteinander sprechen, sind anfälliger für eine Affäre als andere. Der **Mangel an Offenheit** schafft Abstand. Ein Paar beschrieb die eigene Beziehung als warm, freundlich und offen. Ich stellte aber fest, dass sie aus lauter Streben, einander nicht zu verletzen und nicht in Konflikte zu kommen, nie ihren Ärger zum Ausdruck brachten und nie über Probleme sprachen. Es gab aber Ärger, Verletzungen und Hader, die sie bis dahin über Jahre erfolgreich zugedeckt hatten, bis die Frau eine außereheliche Beziehung hatte. Manchmal kommt es mir so vor, als ob diejenigen, die immer so nett zu einander sind, eine Affäre brauchen um endlich offen miteinander sprechen oder schimpfen zu können, sich gegenseitig etwas vorwerfen zu können, was so lange unausgesprochen geblieben war. „Soll ich dich vielleicht fragen, ob ich eine Affäre haben darf, du hast mich doch auch nicht gefragt bevor du schwanger wurdest", rief ein Mann seiner wütenden Frau zu. Eine andere Frau: „Wenn du kein Kind von mir willst, will ich keinen Sex mit dir, dann schlaf ich lieber mit einem anderen". Bis dahin hatten beide die mangelnde sexuelle Beziehung mit einer Unfähigkeit ihrerseits erklärt.

Es ist verständlich dass, je unzufriedener jemand mit seiner sexuellen Beziehung ist, er desto eher die Neigung hat, über eine befriedigende sexuelle Beziehung mit einem anderen zu fantasieren.

- In Partnerschaften, wo eine Art **Mutter-Sohn oder Vater-Tochter-Beziehung** herrscht, sind die beiden meistens gute Freunde, aber keine guten Liebhaber. Miteinander Sex haben, ist dann so etwas wie Inzest. Wer die Vater- oder Mutterrolle übernommen hat, meint, immer stark sein zu müssen. Das „Kind" verlässt sich auch darauf. Der Starke möchte aber auch mal schwach sein und sich mal anlehnen. Dafür ist die eigene Beziehung selten geeignet. Eine Affäre löst manchmal diesen Mangel. Andererseits will das „Kind" auch mal aus der Rolle der Abhängigkeit ausbrechen und sucht jemanden, der es endlich als einen Erwachsenen behandelt. Der Junge will endlich als Mann und das Mädchen endlich als Frau gesehen werden.

- Die ersten grauen Haare, die ersten Falten, der hohe Blutdruck, die unerwartete Müdigkeit erinnern uns daran, dass wir allmählich **älter werden**. Geistig fühlt man sich vielleicht noch ganz jung, aber der Körper meldet sich. Da wir in unserer Kultur stark an Jugendidealen orientiert sind, können die Erfahrungen mit dem älter werdenden Körper Angst machen und Unzufriedenheit auslösen. Manche beweisen sich durch eine Affäre, dass sie doch noch jung sind und dass sie noch was drauf haben. Wenn ein Mann gelegentlich seine Erektion verliert, kann ihm das Angst machen und vielleicht deutet er es so, dass seine Frau nicht mehr attraktiv genug ist. Dann kann es sein, dass er seinen Blick mal auf eine andere Frau fallen lässt. Für Frauen gilt dasselbe, wenn ihr ihr Älterwerden Angst macht und wenn sie es als Verlust ihrer Weiblichkeit deutet. Eine Affäre kann ihr bestätigen, dass sie noch jung und attraktiv ist.

- Eine Frau erzählte mir, dass sie ihre Partnerschaft so langweilig und so aussichtslos fand, dass sie immer mehr über einen Weg aus der Ehe nachdachte. Da sie dafür aber keinen plausiblen Grund hatte, suchte sie eine Beziehung außerhalb. Sie hoffte, dass dieser neue Mann sie sozusagen reibungslos in eine neue Beziehung übernehmen würde. Sie selbst war viel zu unsicher und hatte viel zu große **Angst vor dem Allein-Sein** um ohne eine neue Beziehung, die Entscheidung zur Trennung zu treffen.

Sicher kann diese Reihe von möglichen Anlässen zur Untreue noch erweitert werden. In allen Fällen hätte viel vermieden werden können, wenn das Paar Wege gefunden hätte, in einem ständig fortschreitenden Prozess täglich miteinander zu sprechen. In vielen Fällen haben sie damit nach dem Bekannt werden der Affäre angefangen. Stundenlang sprachen sie miteinander. In vielen Fällen war es zu spät. Es ist gut, nachdem eine Woche mit stundenlangen Gesprächen vorbei ist, Disziplin zu üben und Gesprächszeiten festzusetzen. Zweimal in der Woche eine halbe Stunde muss genügen. In dieser Zeit kann man alles aussprechen, was einen beschäftigt. Die Gedanken, die außerhalb dieser Zeit hochkommen, kann jeder dann aufschreiben und in der festgesetzten Zeit ins Gespräch bringen. Die Sitzung mit dem Berater kann ein guter geschützter Raum sein, um das respektvolle miteinander Sprechen und Zuhören zu üben.
Es lohnt sich, deinen Beitrag zu einer Atmosphäre zu liefern, worin Gespräche stattfinden können. Das richtige Klima ist eines, in dem sich der Partner ungefährdet fühlen kann. Dann

geht das am ehesten. Dazu kannst du etwas beitragen. Das ist das Ziel dieses Buches.

Wenn du nun selbst eine Affäre hattest, die vorbei ist, dann ist es vielleicht nicht weise, das Thema anzusprechen. Tue lieber alles, was du zur Heilung der Beziehung tun kannst. Wenn deine Untreue aber ein Thema zwischen euch beiden geworden ist, und du willst deine Partnerschaft retten, dann sprich offen über diese Untreue, auch wenn es schmerzlich ist für beiden Seiten. Erkläre deinem Partner den Grund und die Umstände mit großer Offenheit. Das Sprechen ist ein absolut notwendiger erster Schritt. Durch das Sprechen – vielleicht auch in der Anwesenheit eines Beraters – kannst du lernen, die Gründe für deine Untreue zu verstehen. Wie dem auch sei, folgende Schritte führen weiter:

- Stopp diese Beziehung.
- Triff Maßnahmen, diese Person nicht mehr zu sehen.
- Konzentriere dich auf deinen Partner und arbeite ehrlich an der Verbesserung der Beziehung.
- Deine Absicht soll in deinem Verhalten klar erkennbar sein.

Gedanken an die Untreue werden dich noch lange beschäftigen. Du wirst daran erinnert werden durch Verhalten von Freunden oder Verwandten oder durch Filme oder Fernsehbeiträge. Diese können Anlass zu weiteren Gesprächen werden. Nimm dir fest vor, dich auf das zu beschränken, was ihr durch diese Affäre gelernt habt. Manche Paare wachsen sehr daran und lernen, Probleme, die sie bis dahin vernachlässigt hatten, zu bearbeiten und die Partnerschaft stärker zu machen. Ich hoffe, dein Partner wächst dahin, dass auch er zu solchen Gesprächen bereit wird.

Ein paar Hilfen auf deinem Weg der Treue[1]

- Entscheide dich für Verbindlichkeit.
- Schau um dich herum wie Untreue die Partnerschaften und die Partner zerstört.
- Habe regelmäßig ehrliche Gespräche (ZübaMo und Zuhörübungen.[2])
- Bedenke, dass es neben der Arbeit auch die Lebensaufgaben Liebe und Gemeinschaft gibt. Halte diese in Balance.
- Vermeide deswegen zu viele Verpflichtungen gegenüber Eltern, Kindern, Freunden, Vereinen, Alkohol, Fernsehen, Computer, Hobbys usw.
- Sprich über dich selbst, über deine Gefühle, über deine Erwartungen, über deine Träume. Das kannst du lernen.
- Pflege eine positive sexuelle Beziehung, insbesondere in Zeiten, wo Angst und Spannungen größer sind als sonst.
- Wenn du Schwierigkeiten hast, mit dir selbst umzugehen, oder wenn du in der Partnerschaft an „Abstandsgefühlen" leidest, dann suche eine Beratung oder eine Therapie.
- Wenn du an Gott glaubst, dann pflege deine Beziehung zu Gott oder zu deiner Religion, am besten gemeinsam.

---

[1] Siehe auch: Schoenaker, Theo: „Die kreative Partnerschaft" Teil III, S. 57
[2] dito. Teil V, S. 172 und 185

10

Die Praxis im Überblick

Danksagung

Ich danke Christine und Hubert Nieswandt und Julia Riemenschneider, die das Manuskript durchgesehen haben. Sie haben mit ihren Korrekturen und strukturellen und inhaltlichen Verbesserungsvorschlägen erheblich dazu beigetragen, dass dieses Buch so wie es jetzt vorliegt, erscheinen konnte.

Julitta, meiner Frau danke ich für die unerschöpflichen Impulse, die zu den vielen Übungen und schließlich zu diesem Buch führten, und ich danke ihr dafür, dass sie unsere Ehe dadurch bereichert, dass sie mich nie fragt: „Worauf wartest du?", sondern sich selbst fragt: „Was kann ich tun?"

Literatur

Arond, M. und Pauker, S.: The first year of marriage. Warner Books NY 1987

Blumenthal, E.: Neue Wege zur inneren Freiheit. Horizonte Verlag. Stuttgart.

Clinebell, Howard, J.Jr: Growth Counseling for mid-years couples. Fortress Press Philadelphia 1977

Gloger-Tippelt, G. (1988): Schwangerschaft und erste Geburt. Verlag Kolhammer Stuttgart

Karlson, G. (1951): Adaptability and Communication in Marriage. Uppsala

Leopoldi, Hermann: „Ach, Sie sind mir so bekannt..." Josef Weinberger, Wien

Mace, D.R. (1982): Close Companions. NY

Schoenaker, Th.: Die kreative Partnerschaft. RDI Verlag 2001.

Ein praktischer Weg

Auf S. 43 erwähnte ich *das Encouraging-Training Schoenaker-Konzept*®. Dabei geht es neben Ermutigung auch um klare persönliche Ziele, um das Erkennen der eigenen Anteile an spannungsreichen Beziehungen, um eigenständiger werden und um die Bereitschaft, auch anderen Menschen weiterzuhelfen.
Es gibt auch ein Encouraging-Training für Partnerschaft, das speziell für das Thema dieses Buches entwickelt wurde. Es wird von vielen Encouraging-Trainer/innen – vielleicht auch in ihrer Gegend – angeboten.

Informationen:
Sekretariat Adler-Dreikurs-Institut, Rudolf-Dreikurs-Weg 4-6
36391 Sinntal-Züntersbach Tel.: 09741-3130 Fax: 1281
E-Mail: institut@adler-dreikurs.de

... Vorträge auf CDs

Live-Mitschnitte von Vorträgen mit Theo Schoenaker:

Mut tut gut

Der Lebensstil des Einzelnen

Der Mensch als Entscheidungen treffendes und zielgerichtetes Wesen

Sexualität in der Partnerschaft

Einander kennen lernen. Miteinander sprechen

Worauf wartest du? – Selbstbewusst in der Partnerschaft

Die Kindererziehung aus der Sicht der Individualpsychologie

Weitere Bücher
im RDI Verlag

Blumenthal, Erik:
Der hohen Jahre Ziel und Sinn – Es ist nie zu spät,
aber immer höchste Zeit. Sinntal 1984
Lieben und geliebt werden – ... in Partnerschaft und
Familie. Sinntal 1995
Mosak, Harold H./Maniacci, Michael P.:
Beratung und Psychotherapie – Die Kunst im richtigen
Moment das Richtige zu tun. Sinntal 1999.

Schoenaker, Theo:
Die kreative Partnerschaft – Das 3-Faktoren-Modell.
Sinntal 2001.
Mut tut gut – Das Encouraging-Training. Sinntal 2002.
Ja ..., aber! – Ein individualpsychologisches Konzept
des Stotterns. Sinntal 2000.
Leben beginnt mit Loslassen – Eine Novelle zum Neu-
beginn. Sinntal 2000.
Sich als Eltern gut fühlen – Ein Brief. Sinntal 1997.

Schoenaker, Julitta/Seeler-Kreimeyer, Britta:
Die alte Eiche – Encouraging-Märchen als Lebenshilfe.
Sinntal 2003

Informationen:
RDI-Verlag, Rudolf-Dreikurs-Weg 4-6
36391 Sinntal-Züntersbach   Tel.: 09741-3130   Fax: 1281
E-Mail: institut@adler-dreikurs.de   Internet: www.rdi-verlag.de